Untersuchungen
zur deutschen
Literaturgeschichte
Band 16

Frederic C. Tubach

Struktur im Widerspruch

Studien zum Minnesang

Max Niemeyer Verlag
Tübingen 1977

Das Buch erscheint mit Unterstützung der Alexander von Humboldt-Stiftung

CIP-Kurztitelaufnahme der Deutschen Bibliothek

Tubach, Frederic C.
Struktur im Widerspruch : Studien zum Minnesang. – 1. Aufl. - Tübingen : Niemeyer, 1977.
(Untersuchungen zur deutschen Literaturgeschichte ; Bd. 16)
ISBN 3-484-10257-8

ISBN 3-484-10257-8

Satz und Druck: Wörner GmbH Stuttgart
Einband von Heinr. Koch Tübingen

IN MEMORIAM

MURIEL G. TUBACH

1931–1975

Inhaltsangabe

Farai un vers de dreyt nien,
Non er de mi ni d'autra gen,
Non er d'amor ni de joven,
Ni de ren au,
Qu'enans fo trabatz en durmen
Sobre chevau.

(Guilhelm de Peitieus)

Sô wol dir, wîp, wie reine ein nam!
wie sanfte er doch z'erkennen und ze nennen ist

(Her Reinmar)

Der Mensch nimmt nicht immer mit den gleichen Sinnesorganen die Welt, seine natürliche und menschliche Umgebung auf; er handelt auch nicht immer nach derselben Erkenntnis von Ursache und Wirkung auf Grund der gleichen praktischen Intelligenz; religiöse, mythische, künstlerische Phantasie und Erfahrung sind handfeste und bestimmende Wirklichkeiten, nicht nur Illusionen oder Abnormitäten.

(Karl Bosl, *Mensch und Gesellschaft in der Geschichte Europas*, S. 31)

Vorwort

Der Ansatz zu dieser Studie kommt aus Seminaren, die ich an der University of California, Berkeley, hielt. Sie orientierten sich an den grundsätzlichen Fragestellungen, die in den Schriften von Hugo Kuhn (München) im Laufe der Jahre entwickelt worden waren. Aber ohne die Anregungen und Ermutigungen meiner Kollegen in Berkeley wäre ein Abschluß, selbst in dieser vorläufigen Form, kaum möglich gewesen. Ich bin deshalb besonders meinen Kollegen Andrew Jaszi, Winfried Kudszus und Michael Mann zu Dank verpflichtet. Besonderer Dank gilt auch meinem Studenten Heinrich Siekhaus, mit dem diese Arbeit häufig diskutiert wurde.

Man möge mir den Mangel an einem ausführlichen wissenschaftlichen Zitatenapparat nachsehen. Dieser Mangel ist darauf zurückzuführen, daß dieser Studie eine induktive Arbeitsweise zugrunde liegt. Manche Resultate konvergieren erst im Laufe der Arbeit mit Erkenntnissen, die auf anderen wissenschaftlichen Arbeitsgebieten schon angedeutet worden waren. Der Nachteil ist dabei natürlich, daß der bereits ausgearbeitete analytische Apparat, wie er in der Linguistik, im Strukturalismus und in der Semiotik zu finden ist, nicht nutzbar gemacht wurde. Ich sehe diesen Nachteil durch die Tatsache aufgewogen, daß sich die methodische Differenzierung aus dem Umgang mit dem Minnesang in seinen überlieferten Texten heraus entwickelte und somit Sache und Methode enger verbunden blieben.

Frederic C. Tubach
Berkeley/USA
Oktober 1974

Einleitung

Diese Studie geht von der Annahme aus, daß Wirklichkeit vorzüglich als kulturelle Konvention greifbar wird. Daraus ergeben sich für den informierten Leser offensichtlich Berührungspunkte mit der zeitgenössischen Semiotik. Wirklichkeit wird in diesem Sinne weitgehend als identisch verstanden mit den kulturellen Spielregeln, nach denen sie durch Sprache als Zeichenkonstellation geschaffen wird. In bewußten Widerspruch hierzu gerät jedoch die Einsicht: die Einheit von Sprache und Wirklichkeit ist keine unmittelbare. Ihr dialektischer Bezug nötigt uns, von einem Verhältnis zwischen Sprache und Wirklichkeit zu sprechen, dem wir strukturanalytisch näherkommen wollen. Die mittelalterlich-europäische Ich-Dichtung, der Minnesang, erweist sich als besonders geeignet für diese Untersuchung.

Der jeweilige Stellenwert von Ich-Dichtung im allgemeinen ist kulturellen Veränderungen unterworfen, die nicht gattungsgeschichtlich erfaßbar sind. So steht der Vorstellung einer Emanzipierung des Individuums als geschichtstragend im bürgerlichen Denken des 19. Jahrhunderts die aus der Krise des modernen westlichen Bewußtseins entspringende Negation Foucaults (*Die Ordnung der Dinge*) entgegen, der das Individuum nur als eine vorübergehende Erscheinung in der Kultur des Westens sieht.

Im Minnesang konstituiert sich das »Ich« als ein bestimmtes Kulturzeichen. Ähnlich hätten andere Beispiele andere Kulturzeichen demonstrieren können; etwa die für die mittelalterlich-christliche Kultur wirklichkeitsbestimmenden Höllenvorstellungen, wie sie besonders seit Gregors Dialogen wirksam sind. Weil jedoch die Kategorien einer humanwissenschaftlich orientierten Semiotik noch entwickelt wurden, beschränkt sich unser Versuch, anstatt weiter auszugreifen, sogar innerhalb unseres beschränkten Themas, auf die Analyse einiger weniger Liedtexte. Das entspricht auch dem Entwicklungsgang dieser

Studie, die nicht von der Anwendung schon erarbeiteter Semiotik-Theorien ausging, sondern aus den überlieferten Texten heraus einen Beitrag zur Bildung semiotischer Kategorien leisten will.

Man spricht heute vornehmlich von der Desintegration der Humanwissenschaften (A. Schmidt, *Geschichte und Struktur*, Reihe Hanser 84), hinter der die Desintegration der herkömmlichen, gesellschaftlich-menschlich verbindlichen Kommunikationsformen steht. Es fällt uns leichter, geschichtliche Phänomene aus ihrem überkommenen Interpretationsschema herauszulösen, um ihren Modellcharakter freizumachen für unsere gegenwärtige Situation, in der die Fragwürdigkeit der verdinglichten Kategorie Individuum immer deutlicher wird. Dies bestimmte die Auswahl der Texte. Lieder, Strophen und Liedzeilen sind aus dem überlieferten Material herausgearbeitet worden, an denen die Abwesenheit des sich absolut setzenden Individuums besonders wirksam ist. Es stellte sich dabei heraus, daß wir es hier mit einem Verhältnis Sprache–Wirklichkeit der alten feudalen Kultur zu tun haben. Im Gegensatz dazu wurden weitere Beispiele ausgewählt, bei denen der Ansatz zum modernen Individuum gegeben ist. Hier ergab sich weitgehende Übereinstimmung zu einem Verhältnis Sprache–Wirklichkeit, wie es sich als Teil der frühbürgerlichen Kultur entwickelte. Literatursoziologische Befunde und die Fixierung historischer Kategorien wurden jedoch zurückgestellt, denn es zeigte sich, daß grundsätzliche methodische Fragen erst einmal untersucht werden mußten. Wir gingen bei der Bearbeitung methodischer Fragen immer von den Texten aus, um eine Methodenabhandlung ohne historische und literarische Inhalte zu vermeiden (man kann heute immer mehr Bücher über Methodenfragen lesen, in denen es weder eine Geschichte noch eine Literatur gibt; vergl. hierzu W. D. Hund, *Strukturalismus, Ideologie und Dogmengeschichte*, Neuwied 1973).

Es hat sich bei der Aufarbeitung der Texte bald herausgestellt, daß der kulturelle Zeichencharakter dieser Lieddichtung durch das Denkmodell Form–Inhalt verdeckt blieb. Die Schwierigkeiten mit dem Denkmodell Form–Inhalt sind nicht neu. Was die Minnesangforschung angeht, so deckte sich der Inhaltsbezug weitgehend mit der Suche nach der dichterischen Persönlichkeit, also letzten Endes mit einem Verständnis von Dichtung als Bruchstücke einer Konfession. Die wechselnde Betonung von Persönlichkeit und Form wird sichtbar, wenn

Wolfgang Mohr die erneute Suche nach dem Persönlichen als Reaktion auf die Entzauberung des Minnesangs erklärt:

> Uns begegnete ein entzauberter Minnesang, eine künstliche Welt der Formeln und Spielregeln ohne menschlichen Ernst, und an der Entzauberung war gerade seine Gesellschaftlichkeit schuld (»Minnesang als Gesellschaftskunst«, *Der deutsche Minnesang*, hrsg. Hans Fromm, Bad Homburg, 1961, S. 198).

Die Auffassung vom Minnesang als einer »künstlichen Welt der Formeln und Spielregeln« war, nach Wolfgang Mohr, wiederum »Reaktion gegen die vorausliegende biographische Interpretation des Minnesangs, welche die Lieder nach den verschiedenen ›Liebeserlebnissen‹ der Dichter befragte, ...«.

Dieses Schwanken liegt in der Widersprüchlichkeit des Denkmodells selbst, wie immer auch seine spezifische Formulierung: inventio-traditio, Persönlichkeit (Inhalt)–Form, Wahrheit–Dichtung. Dieses Denkmodell läßt sich etwa auf zwei entgegengesetzte Richtungen reduzieren: auf die seit Freund entwickelten tiefenpsychologischen Erkenntnisse einerseits und die Weiterführung der seit Ernst Robert Curtius initiierten Toposlehre andererseits. Beide Richtungen enthalten jedoch Momente, die für eine strukturanalytische Fragestellung von Wert sind.

Curtius stellte der modernen Kulturkrise, wie er sie zur Zeit des Faschismus verstand, den Kontinuitätsgedanken entgegen. Er versucht polemisch zu beweisen, daß bestimmte, isolierbare Darstellungsformen der klassischen Antike für die europäische Literatur bis Goethe verbindlich blieben. Was sich daraus ergab, ist eine formalistisch orientierte Sicht der Dichtung mit Scheuklappen gegen den gesellschaftlichen Bezug des Dichters zu seiner Zeit und gegen das dichterische Selbstverständnis sowie die spezifische historische Situation. Bei Curtius und seinen Anhängern war die Kategorie Form–Persönlichkeit jedenfalls dadurch in Frage gestellt, daß hier die dichterische Persönlichkeit als autonomer Schöpfer und die damit verbundene, bezugslose Verinnerlichung des Dichters und Dichtens abgelehnt wurden. Man wäre mit der Verbindlichkeit der Form, wie sie Curtius verstand, weitergekommen, wenn man sie nicht ausschließlich zum Beweis literarischer Kontinuität herangezogen hätte. Wichtig ist für uns auf jeden Fall, daß er die dichterische Persönlichkeit nicht mehr als Objekt behandelt, das durch den Inhalt erfaßt werden kann.

Die psychologische Interpretation modifiziert nun das Denkmodell zugunsten des Persönlichkeitsbegriffs. Jedoch stellt sich bei einer *reductio ad psychologiam* eine historisch nur schwer differenzierbare Typologie ein, die weder der Vielseitigkeit künstlerischer Gestaltung noch den konkreten sozialen Gegebenheiten gerecht wird. Fruchtbar ist dabei immerhin die in der Psychologie (wie, auch aus ganz anderen Voraussetzungen, in der modernen Linguistik) gemachte Unterscheidung zwischen dem, was sich vordergründig als Inhalt präsentiert, und dem, was hintergründig als Bewegmomente isoliert werden kann.

Die Ausgangsposition dieser Studie wird zunächst einmal formuliert: kann das herkömmliche Denkmodell Form–Inhalt durch eine Infrastruktur ersetzt werden, die das in und durch die Sprache sichtbar Gemachte bewegt und bestimmt? Eine solche Struktur setzt eine Neubestimmung von Einheit, Bezug und Bewegung voraus, die jedoch erst von dem historisch und gesellschaftlich fixierten Gegenstand her erarbeitet werden muß. Hier können wir erst einmal auf theoretische Erkenntnisse der Mittelalterforschung zurückgreifen. Wir gehen aus von dem Theorem der »inneren Form«, wie Hugo Kuhn es artikuliert:

> Das Minnelied hat ja überhaupt noch keinen Inhalt im eigentlichen Sinn, den es darstellen könnte, hat noch gar nicht die Liebe, das Gefühl der Liebe, zur Aussage, sondern es baut im Vollzug seiner gedanklich-syntaktisch-metrisch-musikalischen Formstruktur die Liebe auf als Minne-Dienst, als höchste fast kultische Vollzugsform seiner ständischen Umwelt (»Zur inneren Form des Minnesangs«, *Der deutsche Minnesang*, op. cit., S. 174).

Daraus ergibt sich für uns folgendes Postulat: Der Minnesang als Kultus läßt sich durch Formen einer Wirklichkeitsgestaltung bestimmen, in denen Transzendenz und Immanenz, Form und Persönlichkeitsaussage, Sänger und Gesellschaft, das Lied und dessen Vortrag zunächst einmal nicht zu trennen sind. Die Formen, von denen wir sprechen, sind keine Idealtypen, die für den Inhalt richtungsgebend wären. Auch denken wir dabei nicht an »Urformen«, aus denen sich eine morphologische Entwicklung ergäbe. Im Verlauf der Arbeit hat sich herausgestellt, daß das Postulat der »isolierbaren Formen« mit Strukturvorstellungen konvergiert, die Lévi-Strauss von der Schule der strukturellen Linguistik (spezifisch von Troubetzkoys phonologischem System) abgeleitet hat und in seinen anthropologischen Studien der Verwandtschaftsbezüge fruchtbar macht:

> ... en premier lieu, la phonologie passe de l'étude des phénomènes linguistiques *conscients* á celle de leur infrastructure *inconsciente*; elle refuse de traiter les *termes* comme des entités indépendantes, prenant au contraire comme base de son analyse les *relations* entre les termes; ... (Lévi-Strauss, *L'Anthropologie Structurale*, Paris, 1958, S. 40).

Die im Verlauf der Arbeit angewandte induktive Methode hat zur Erkenntnis geführt, daß die soeben genannten »entités indépendantes« zurückzuführen sind auf ein Strukturprinzip, das im Kern binär aufgebaut ist. Am Minnesang manifestiert sich die binäre Struktur als minnedialektischer Sprachvollzug. Die binäre Struktur kann aber den Minnesang in seiner Totalität nicht erschließen. Sie erschloß jedoch vollständig einen wesentlichen Aspekt der Minnelyrik: Wo es um die Affirmation einer Idealität, im Sinne einer grundsätzlichen Entsprechung, geht, bestimmt diese die Inhalte ausnahmslos. Es handelt sich dabei um ein in sich geschlossenes System sprachlicher Zeichen. Hiervon ist im ersten Kapitel, »Minne und Kult«, ausführlich die Rede, wobei deutlich wird, daß die Sprachwelt sich nicht nahtlos mit der gesellschaftlichen Realität deckt, denn im Minnesang als Gesellschaftskunst werden die Gegensätze von höfischer Gesellschaft und dichterischer Sprachidealität nicht aufgehoben. Folglich prüft das zweite Kapitel, »Minne und Gesellschaft«, die minnedialektische Sprachwelt und ihren Bezug zur gesellschaftlichen Realität. Es konnte nachgewiesen werden, daß die Minneidealität sich sprachlich nur bis zu einem gewissen Grade verwirklichen ließ.

Das Kapitel »Minne und Gesellschaft« zeigt die Unmöglichkeit einer sprachlichen Bewältigung gesellschaftlicher Probleme und wie diese Tatsache strukturanalytisch erschlossen werden kann. Das Auseinanderstreben von Minneidealität und Wirklichkeit in der Sprache des Minnekults macht sich nicht nur in der brüchigen Verarbeitung gesellschaftlich-realer Konfliktsituationen bemerkbar, sondern auch in der Sichtbarmachung der künstlerischen Mittel als Bestandteil dieser höfischen Kunst. Damit tritt die Trennung der Dichterpersönlichkeit von den Mitteln der Wirklichkeitsgestaltung als Strukturdeterminante in den Mittelpunkt. Hier scheint zunächst ein Ansatz zur Autonomie der Dichterpersönlichkeit gegeben zu sein. Das Kapitel »Minne und Kunst« arbeitet dieses Problem auf, und zwar unter dem Aspekt der Doppelschichtigkeit, der Trennung von *persona* (Ich-Rolle) als Handlungs- und Bedeutungsträger im Lied einerseits und dem Sänger als Manipulator der Darstellungsformen andererseits. Auch hier bleibt die im ersten Kapitel (»Minne und Kult«) postulierte binäre Struktur teilweise bestimmend, zumal in dem vielseitigen und bezugsreichen Spiel von *persona* (Ich-Rolle) und Dichter. Es hat sich jedoch herausgestellt, daß die Autonomie der künstlerischen Persönlichkeit in einem noch zu definierenden Bezug zum Prozeß der Sichtbarmachung künstlerischer Mittel steht. Von unserem methodischen Ansatz aus beschränken wir uns jedoch vor allem auf den Prozeß der Sichtbarmachung künstlerischer Mittel, auch in der Analyse der Sprachmechanik bei Gottfried von Strassburg. Bei ihm fällt dann der Chiasmus als äußere Form zusammen mit der binären Struktur des Minnesangs. Das letzte Kapitel, »Minne und Religion«, demonstriert, wie durch die Einbeziehung religiöser Wirklichkeitsvorstellungen die binäre Struktur des Minnesangs erweitert wird.

Am Lied *Frô Welt* (W 100, 24) von Walther von der Vogelweide konnte dies gezeigt werden: hier erfüllt die binäre Struktur die Funktion, sich selbst, nämlich die Widersprüche zwischen erlebter Wirklichkeit und religiösem Bezugsrahmen zu überspielen. In dieser Sphäre erweist sich noch einmal und erst vollends, wie durch die binäre Struktur die Idealität nicht nur in Frage gestellt, sondern überhaupt erst ermöglicht wird.

Die Isolierung der strukturellen Pole gelang anhand des sprachlich-dichterischen Aufbaus selbst (Vagantendialog und Allegorie). Hiermit konnte das Instrumentarium entwickelt werden, das gerade solche Lieder erschließt, in denen Sprachformen kultischen Vollzugs, religiöse Wirklichkeitsschichtung (Doppelschichtigkeit) und höfischer Darstellungsprozeß der künstlerischen Mittel in *einem* Lied, ja oft in *einer* Strophe, nebeneinanderstehen. Das Ende des Kapitels »Minne und Religion« demonstriert die Problematik religiöser Lyrik an Hand der Alterselegie.

Strukturanalytische Fragestellungen, wie sie von Lévi-Strauss und der modernen Linguistik entwickelt wurden, lassen sich nicht direkt auf den Minnesang übertragen. Wir gingen vom Minnesang als geschichtlichem Gegenstand aus, von dem her Erkenntnisse über die innere Struktur gewonnen wurden, deren Anwendbarkeit auf andere geschichtliche Gegenstände und auf größere Kultureinheiten wahrscheinlich von einer weiteren Differenzierung des methodischen Ansatzes abhängt.

Als gesichert jedoch kann zunächst unsere Erschließung der späten Lyrik Walthers gelten, die in ihrer Vielseitigkeit auf die verschiedensten Bereiche mittelalterlichen Bewußtseins und seiner Gestaltung verweist, von den kultischen Vollzugsformen der Lyrik, über Auseinandersetzungen mit der gesellschaftlichen Realität bis hin zur religiösen Wirklichkeitsvorstellung. Zusammenfassend läßt sich sagen: ausgehend von der Feststellung, daß das Denkmodell Form–Inhalt heute nur noch wenig heuristischen Wert hat, ergab sich ein Zugang zu Strukturdeterminanten, von denen aus dann die sprachlichen Zeichen und die kulturellen Spielregeln sichtbar gemacht werden können, die den Minnesang als Ausdruck einer historisch fixierbaren Form von Sprache, Idealität und kulturellem Vollzug kennzeichnen.

Zur Erleichterung des Überblicks wurde ein *Register* hinzugefügt (S. 127), in dem die Lieder angegeben sind, die unseren methodischen Ansatz mitbestimmten. Darauf folgt eine bibliographische Auswahl, die unter *Allgemeines* (S. 129) jene Abhandlungen aus der Mittelalterforschung angibt, die diese Studie spürbar beeinflußten. Unter *Zum Strukturalismus* (S. 129f.) sind die Texte aus dem Strukturalismus angegeben, die mit den Resultaten unserer eigenen Studie teilweise konvergieren. Sie scheinen besonders geeignet, der Ausarbeitung von Kategorien einer kulturwissenschaftlichen Semiotik weitere Impulse zu geben. Darauf folgt unter *Zu den einzelnen Dichtern* (S. 130ff.) eine Angabe von Arbeiten, die sich direkt oder indirekt mit den Liedern, Strophen und Liedzeilen befassen, die in dieser Studie eine pradigmatische Rolle spielen.

Kapitel I

Minne und Kult

Im Minnesang als Kult geht es um ein geschichtlich fixierbares, spezifisches Verhältnis von Sprache, Sänger, höfischer Wirklichkeit und geistigen Gegebenheiten. Dieses Verhältnis ist gekennzeichnet durch ein bestimmbares Zusammengehören von Sprache und Wirklichkeit, von Zeichen und Bezeichnetem. Eine strukturanalytische Methode gewährt uns Einblick in den inneren Aufbau dieses Zusammenspiels. Wenn wir von einem Zusammenspiel sprechen, so muß diese Bezeichnung zunächst einmal dahin differenziert werden, daß im unmittelbaren sprachlichen Vorgang die verschiedenen, von uns als getrennt konzipierten Kategorien wie etwa Sänger, Frauenideal, höfisch-gesellschaftliche Wirklichkeit und geistige Gegebenheit sich erst konstituieren. Wir fassen diesen Aspekt der minnesängerischen Wirklichkeitsgestaltung in der Bezeichnung *Minne und Kult* zusammen. Wir haben es dabei mit einem sprachimmanenten Integrationsprozeß zu tun, der gesellschaftliche Widersprüche überspielt, die Identität der Persönlichkeit nicht postuliert und die Doppelschichtigkeit religiöser Wirklichkeitsorientierung (Symbolgestaltung) in der Minneidealität als einem unmittelbaren Sprachvorgang auflöst. Wir gehen also aus von einem Integrationsprozeß als konstituierendem Element, aus dem heraus sich in polarer Spannung und Bezogenheit erst Sprache und Wirklichkeit, Sänger und höfisches Ideal, Persönlichkeit und Herrin ergeben.

Damit scheinen wir in die Nähe von Lieres zu rücken, die in ihrer Studie[1] konträre, das Minnelied bestimmende Sprachformeln aufgearbeitet hat. Daraus ließe sich der machbare Charakter dieser Dichtung

---

[1] Marianne von Lieres und Wilkau, »Sprachformeln in der mittelhochdeutschen Lyrik bis zu Walther von der Vogelweide«, *Münchener Texte und Untersuchungen zur deutschen Literatur des Mittelalters*, IX (München, 1965).

und die Auswechselbarkeit der Teile, ihre Kombinatorik ableiten. Der Minnesang als höfische Gebrauchsform soll auch hier nicht in Frage gestellt werden. Doch lassen sich moderne Vorstellungen von *Machen* und Kombinatorik nicht auf die mittelalterliche Lyrik übertragen. Es geht nicht an, eine moderne Vorstellung von *Machen* anzuwenden, die von technischer Reproduktion abgeleitet wäre: Neutralität der einzelnen Teile – technisch funktionierendes Zusammenspiel als Wert und Wirklichkeit. Wenn es auch im Minnesang nicht um einen sakralen Bereich geht, der abgetrennt von dem gesellschaftlichen und privaten Leben vollzogen wird, so ist der unmittelbare Vortrag dieser Lieder (uns zum Teil noch zugänglich durch ein Verständnis der eigentlichen sprachlichen Vorgänge im Text)[2] doch gebunden an die höfische Celebration. Nach W. Benjamin fand »die ursprüngliche Art der Einbettung des Kunstwerks in den Traditionszusammenhang (...) ihren Ausdruck im Kult«.[3] Es kann also nicht primär von der Austauschbarkeit der Teile ausgegangen werden, auch nicht von den Kontrastformeln als frei verfügbaren Gebrauchsformen, sondern von der unmittelbaren Situation des Vortrags und von den sprachimmanenten Prozessen, die eine Integrationsfunktion haben.

Wir wenden uns zur Erarbeitung der strukturanalytischen Ansätze in diesem ersten Kapitel vor allem der Funktion der Begriffe zu. Es ist der gemäßeste Einstieg in eine Dichtung, in der ein begriffliches System von Normen, Werten und Idealvorstellungen im Mittelpunkt steht. Dabei wird dieses begriffliche System nicht als vom sprachlichen Vollzug getrennt betrachtet. Wir kommen der Bedeutung und Funktion der Begriffe erst im unmittelbaren Liedzusammenhang näher. Die begrifflichen Bezüge lassen sich nur »am Ort« des Liedes bestimmen. Sie gewähren uns Einsicht in die Formen minnesängerischer Wirklichkeitsgestaltung, in die besondere Verquickung von Sprache und Wirklichkeit im Phänomen des kultischen Vollzugs. Zur Veranschaulichung zunächst einmal eine Strophe von Heinrich von Veldeke:

Scône wort bit sûten sange
trôsten dicke swâren mût.
dî mach men gerne halden lange,

[2] cf. Schweikle, unter *Bibliographie (infra)*.

[3] W. Benjamin, »Das Kunstwerk im Zeitalter seiner technischen Reproduzierbarkeit«, *Schriften* I (Frankfurt, 1955), S. 374.

want sî sîn uns altôs gût.
ich singe bit vele drûven mûde
dore dî scône ende dî gûde.
up heren trôst ich wîlen sanc:
sî hevet mich mistrôst, des is te lanc.
Here stûnde bat dat sî mich trôste ...
(Heinrich von Veldeke: *MF* 66, 24–32)

Für unseren Zusammenhang wichtig ist der Begriff *trôst*. Er erscheint hier sowohl in substantivischer als auch in verbaler Form. Wenn wir *trôst* als Zeichen für ein bestimmtes *significatum* verstehen, dann erhebt sich die Frage nach dem Erlebnisgehalt dieser Strophe. *trôst* ist dann Aussage über eine im Leben des Dichters bestimmbare Situation: der Dichter wirbt um den ihm von der Herrin bislang verweigerten *trôst*. Dann fragen wir also, was denn der Dichter eigentlich »meint«, wen er in seinem Liede im Sinn haben mag oder warum er gerade diese oder jene tradierte Form der Selbstdarstellung wählt. Eine andere Möglichkeit, *trôst* näher zu kommen, wäre, es als Zeichen für ein *significatum* zu fassen, das man in abstrahierender Definition umschreibt und in einen Zusammenhang stellt zu den allgemein festgelegten, abstrakten Bedeutungsträgern des minnesängerischen Wertsystems, etwa zu *liebe, wân, triuwe,* usw. Wenn man auf diese Weise den Text nach Erlebnis oder begrifflicher Bestimmung befragt, dann setzt man voraus, daß eine wesentliche Trennung besteht zwischen Zeichen und *significatum*. Erlebnissphäre und tradierte Fiktion, Persönlichkeit und Form sind dann das methodenbestimmende Denkmodell. Es war diese Trennung von Zeichen und *significatum*, die innerhalb der Forschung das Schwanken zwischen Suche nach Liebeserlebnissen und Darstellung einer Welt der Formeln und Spielregeln im Minnesang verursachte.

Der Begriff, in unserem Beispiel also *trôst,* ist zunächst einmal ein Teil eines Vorgangs. Er funktioniert innerhalb eines fest umrissenen Sprachgebildes. Wir wollen also nicht danach fragen, wie das Zeichen zu einem bestimmten *significatum* steht, sondern welche Bezüge dieses Zeichen im sprachlichen Vorgang innerhalb der Strophe aufweist.

Es sind drei Bezüge von *trôst* gegeben. Er funktioniert als:

1. Wirkung des Gesangs auf den Menschen:

Scône wort bit sûten sange
trôsten dicke swâren mût.

2. Zweck des Gesangs:

up heren trôst ich wîlen sanc:

3. Wirkung der Frau auf den Sänger (und sein Singen):

sî hevet mich mistrôst, des is te lanc.
Here stûnde bat dat sî mich trôste...

trôst ist sowohl Wirkung als auch Zweck des Gesangs. Darüber hinaus ist *trôst* als Wirkung der Frau zu verstehen, und demnach auch als Ursache des *guoten muotes*. Zweck und Wirkung, Ursache und Folge lassen sich hier nicht scharf voneinander trennen. *trôst* hat im System der kultischen Minnesprache, wie es in diesem Lied evoziert wird, vielseitige Bezugsmöglichkeiten: *trôst* führt zum Lied, fließt aber auch aus dem Lied, es gestaltet sich in der Anbetung der *frôwe*, wobei diese Anbetung wiederum Voraussetzung dafür ist, daß der ganze Vorgang überhaupt Sinn hat. Das Lied braucht den Sänger, der Sänger die Herrin, die Gesellschaft die Minne, und erst im Bezug dieser verschiedenen Bereiche ergibt sich ihre Wirklichkeit. Was immer nun der Begriff *trôst* inhaltlich bedeuten mag, er erfüllt vor allem die Funktion von *relatio*. Erst aus dieser *relatio* heraus konstituieren sich die einzelnen Elemente der in der hochhöfischen Lyrik erlebten Wirklichkeit. Die vielseitigen Bezugsmöglichkeiten, die im Begriff gegeben sind, entgrenzen den Begriff als Zeichen für ein bestimmtes *significatum*. Diese Strophe ist also in keiner Weise persönliche, erlebte Aussage. Ja, die Persönlichkeit, die aussagen würde, wird nur im Sprachvollzug verwirklicht. Nichts weist also über den eigentlichen Sprachvorgang hinaus. Was sich hier letzten Endes realisiert, ist eine sprachimmanente Bezugswelt, in der sich der Mensch erst konstituiert. (Wir werden auf die Tatsache, daß hier ein Sänger vorträgt, also real gesetzt werden kann, noch im weiteren Verlauf der Studie zu sprechen kommen.) Es wäre andererseits auch möglich, von einem Sprachspiel zu reden, einer formelhaften Lyrik. Hiermit verabsolutierten wir den formalen Aspekt der Lyrik in einer Weise, wie es erst im 19. Jahrhundert seit dem *l'art pour l'art* möglich ist, – oft in bewußter Absetzung gegen die Lyrik als persönliche Aussage. *trôst* in der Veldeke-Strophe stellt den Bezug als eigentliches, konstituierendes Prinzip in den Mittelpunkt der Minnewirklichkeit. Dieser Bezug läßt sich nun seinerseits strukturanalytisch näher bestimmen. Er baut sich im Minnesang als Kult auf durch polare

Spannungen, durch eine sprachimmanente Kontraststruktur. Als anschauliches Beispiel dafür eine Stelle aus dem Lied »Ein wîser man sol niht ze vil« (*MF* 162,7) von Reinmar dem Alten:

> Ez tuot ein *leit* nâch *liebe wê:*
> sô tuot ouch lîhte ein *liep* nâch *leide wol.*
> swer welle daz er *frô bestê,*
> *daz eine* er dur *daz ander lîden* sol...
> (*MF* 162, 34–37)

Auf den ersten Blick bietet uns der Inhalt dieser Zeilen ein Stück »Lebensweisheit«, aus der der Dichter dann einen Schluß zieht. Frei übersetzt: das Leiden schmerzt, wenn man geliebt hat, und die Liebe tut wohl, wenn sie auf Leiden folgt. Wer sich sein frohes Gemüt erhalten will, der muß das eine (Leid) um des anderen willen (Liebe) geduldig auf sich nehmen. Die Lebensweisheiten und die Schlußfolgerung bestimmen den Inhalt. Die Frage nach dem bestimmenden Strukturprinzip beantwortet der Inhalt jedoch nicht unmittelbar, es sei denn, daß der lineare Ablauf des Ratschlags über Liebe und Leiden schon die Struktur genügend erklärt. *Liebe* und *leit* wären dann primär auf Gefühlszustände bezogen, deren Rolle der Dichter im menschlichen Leben bestimmt. Der lineare Ablauf des Ratschlags führte somit zur inneren Perspektive der menschlichen Seele. Hiermit wäre der Weg zur Individualpsychologie geöffnet, den aber der Dichter, wie wir schon wissen, nicht betritt. Bei näherer Betrachtung zeigt es sich nämlich, daß die Struktur nicht von der dem Ratschlag innewohnenden »Logik« bestimmt ist. Die logisch-gedankliche Abfolge ist also nicht bezogen auf das, was wir heute unter einem menschlichen Seelenzustand als einer in sich geschlossenen Einheit verstehen. Es ist die Kontraststruktur, die hier die dichterische Sprache und damit auch die Begriffe bestimmt. Hiermit wird der lineare Ablauf des Inhalts durch einen vertikalen Bezug begrifflicher Pole ersetzt, der sich schematisch darstellen läßt:

– leit	+ nâch liebe	– wê
+ liep	– nâch leide	+ wol
+ frô bestê		
– daz eine	+ daz ander	– lîden sol

Wenn wir nun *liep* (*liebe*) als den positiven und *leit* als den negativen Pol betrachten, dann zeigt sich die zweite Zeile als Umkehr der ersten: – + – : + – +, während die dritte und vierte Zeile sich aus dem

Wechsel von negativem und positivem Pol konstituiert: + – + –. Die Kontraststruktur definiert die Minne nicht, noch wird sie gebraucht, um persönliche Erfahrung zu beschreiben. Aus der Kontraststruktur heraus konstituiert sich die Minne vielmehr als Ideal und die Persönlichkeit des Dichters als Teil eines höfischen Kultus. Vitalität und Unmittelbarkeit der Aussage liegen in der Vielschichtigkeit der begrifflichen Bezüge, die sich aus der Kontraststruktur entwickeln lassen.

Bei dem Aufbau der Minne geht es also um eine ganz bestimmte Form der sprachlichen Darstellung von Idealität. Inwieweit persönliche Aussage und gesellschaftliche Probleme in dieser Kontraststruktur verarbeitet werden können, wird noch näher zu untersuchen sein. Auch der Minnesang als Kult stellt natürlich Anspruch auf Wirklichkeitsgehalt, der sich nicht ganz mit der bisher angedeuteten Integrationsfunktion der kultischen Minnesprache deckt. Die Frage nach dem Wirklichkeitsgehalt bleibt jedoch an einen zu bestimmenden sprachimmanenten Prozeß gebunden. Ein Beispiel von Reinmar dem Alten soll diese Sprachimmanenz sichtbar machen:

> Sô wol dir, wîp, wie reine ein nam!
> wie sanfte er doch z'erkennen und ze nennen ist!
> (Reinmar der Alte: MF 165,28 - 29)

wîp ist einer der Grundbegriffe des Minnesangs. In Reinmars Lied steht das Verhältnis des Sängers zu einer in der Bedeutung von *wîp* fixierbaren transzendentalen Gegebenheit im Mittelpunkt. Wichtig dabei ist, daß das Erkennen (ein kognitiver Vorgang) und das Nennen (ein wirklichkeitsgestaltender Vorgang) nicht voneinander zu trennen sind. *wîp* ist also ein Begriff, der erst durch den Akt des dichterischen Lobens und Dienens zu einem überpersönlichen Ideal wird. Darüber hinaus ist aber in dem Begriff *wîp* schon an sich ein Ideal gegeben, das zu verstehen und an dem teilzunehmen der Sänger erheischt. In Reinmars »erkennen« und »nennen« von *wîp* kommen wir dem kultischen Charakter der Minneidealität näher. Es geht auch hier nicht um eine spezifische Beinhaltung von *wîp* (als angebetete Herrin oder als abstraktes Ideal), sondern vielmehr um den Modus ideeller Sprachgestaltung, der das höfische Minnelied zu einer Form kultischen Wirklichkeitserlebnisses macht. Hier geht es um die Einheit von persönlicher Evozierung in der Sprache (Nennen) und objektiver Gegebenheit (Erkennen). Gerade dort, wo der Sänger das Minneideal begreift, läßt sich Sprache und Wirklichkeitsgestaltung nicht trennen. So wird Hartmanns »wâ sint diu werc? die rede hoere ich wol« (*MF* 218, 14) von dieser Perspektive aus interessant, weil er – sich konkret-religiöser Bindung zuwendend (Kreuzzugsgedanke) – die Grundlage des kultischen Minnevollzugs zerstört, indem er scharf zwischen »werc« und »rede« unterscheidet und beide verdinglicht, das »werc« als konkrete Wirkung und Realität und die »rede« als bezugloses Sprechen. Reinmars Einheit von *Erkennen* und *Nennen* ist damit aufgehoben.

Schon Herbert Kolb scheint auf die Gegensatzspannung zu verweisen, um die es uns hier geht:

> Dieses Gedicht drückt nicht nur formal, sondern auch inhaltlich mit Gottfried vergleichbarer Weise den Versuch aus, das Wesen der Minne durch die formelhafte Beschreibung einiger ihrer Grundaspekte, die zueinander in einer Gegensatzspannung stehen, zu ergründen und ihre Weite auszumessen.
>
> (»Der Minnen hus. Zur Allegorie der Minnegrotte in Gottfrieds *Tristan*, *Euphorion* 56, H. 3, S. 229)

Wichtig ist hier jedoch, daß Kolb das »Wesen der Minne« von der »Gegensatzspannung« trennt; das heißt, die Gegensatzspannungen haben die Funktion, das Wesen der Minne »zu ergründen und ihre Weite auszumessen«. Uns geht es jedoch um den Nachweis, daß sich auch im Sprachvollzug der Gegensatzspannungen das Wesen der Minne erst konstituiert. Es geht also im Lied nicht nur um die Ergründung dessen, was sich außerhalb des Liedes als geistig-ethisches Ideal erkennen läßt, sondern eben auch um den Aufbau eines Ideals im Prozeß der sprachlichen Gestaltung selbst. Es geht auch um die Funktion des Reinmarschen *Nennens*. Kolb legt seinerseits vor allem Nachdruck auf die Funktion des *Erkennens* im Zitat von Reinmar. Damit macht er die Sprache zum Instrument der Darstellung eines als gegeben vorausgesetzten Ideals. Die Tatsache, daß der Glaube an ein solches Ideal und das sprachliche Evozieren eben dieses Ideals zusammenfallen, macht gerade ein wesentliches Element des Minnesangs aus. Schon die weitere Entwicklung des Minnesangs im späten Mittelalter unterstützt unsere Berichtigung gegenüber Kolb. Der späte Minnesang entwickelt ja keine autonome Theologie der Minne, sondern erstarrt im Sprachformalismus. Das *Nennen* und *Erkennen* sind in den Zeilen Reinmars unzertrennbar. Damit ist eine sowohl mimetische als auch normative Funktion im kultischen Sprachvollzug gegeben. Die gegenseitige Bedingtheit von mimetischer und normativer Funktion läßt sich bis in die vom Minnesänger dargebotenen psychologischen Vorgängen und Verhaltensweisen der Herrin gegenüber feststellen. Das wird besonders am neuplatonischen Bild bei Heinrich von Morungen deutlich:

alse ab si mîn ouge an siht,
sô tagt ez in dem herzen mîn.
(*MF* 130, 37–38)

Hier bilden nicht die »Persönlichkeiten« Sänger und Herrin den konstitutiven Kern der Aussage, sondern vielmehr ein Vorgang, in dem er sie anschaut und sie ihm im Herzen aufgeht. Die kausale Kette (Anschauen > Bewußtwerden) steht nicht im Vordergrund, sondern vielmehr die Gleichzeitigkeit, durch die die beiden Pole erst manifestiert werden. Psychologische Entsprechungen vielmehr als »Persönlichkeiten« bestimmen die Aussage. Trotz des Moments verinnerlichter Intensität, die diesem Bild zugrundeliegt, geht es hier nicht um die Auslotung eines Eigenlebens, sondern um die Konstituierung psychologischer Vorgänge, die durch das Lied veranschaulicht werden können.

Auf Grund der nun herausgearbeiteten Aufbauprinzipien sprachimmanenter Minneidealität läßt sich die Funktion von »Persönlichkeit« innerhalb dieser Minneidealität strukturanalytisch näher aufzeichnen. Wir greifen zu einer Strophe von Rudolf von Fenis, in der »Persönlichkeit« innerhalb sprachlicher Vorgänge besonders deutlich bestimmt werden kann.

Nun ist niht mêre mîn gedinge
wan daz si ist gewaltic mîn.
bî gwalte sol genâde sîn.
ûf den trôst ich ie noch singe.
genâde diu sol überkomen
grôzen gwalt durch miltekeit:
genâde zimt wol bî rîcheit.
ir tugende sint sô vollekomen
daz dúrch reht mir ir gwalt sol fromen.
(MF 84, 10–18)

Rein vom Inhalt her gesehen gibt diese Strophe nicht viel her. Anbetung der Herrin und der Wunsch nach ethischer Vervollkommnung des Sängers sind ganz traditionell verquickt. Wendet man sich nun den Begriffen selbst zu und versucht man ihre Bedeutung zu bestimmen, so zeigt sich, daß jeder einzelne Begriff für sich selbst gesehen auch leer bleibt. So gesehen ist also die Strophe nichts anderes als ein abstraktes Rationalisieren ohne Dynamik, ein Spiel mit Begriffen ohne erkennbare Verbindlichkeit. Man könnte die Verse ferner daraufhin untersuchen, inwieweit sie eine weitere Affirmation des höfischen Wertsystems sind. Setzen wir jedoch die Begriffe in Bezug zueinander, dann ergibt sich eine Verzweigung von Bezügen, in der die begrifflichen Verwandlungsmöglichkeiten und das Problem der persönlichen Aussage verdeutlicht sind.

Die Spannung zwischen *gwalte* und *genâde* bestimmt die Begriffsstruktur dieser Strophe, die sich im folgenden Schema zeigt:

gedinge	
(gewaltic)	
gwalte	genâde
trôst	
genâde	
gwalt	miltekeit
genâde	rîcheit
tugende	
reht	gwalt

Der Spannung *gwalte – genâde* ist ein weiteres Begriffspaar in *gedinge – trôst* beigegeben. So werden die höfisch-gesellschaftlichen Werte von *gwalte – genâde* mit den traditionellen Indizien dichterischer Selbstdarstellung *gedinge – trôst* in Verbindung gesetzt. In der Strophe wird *gwalte* zunächst einmal neutralisiert durch *genâde* in Form eines ethischen Grundsatzes:

bî gwalte sol genâde sîn.

Miltekeit soll nun als Instrument der *genâde gwalte* besiegen. Das Bezugssystem von *genâde* wird durch *rîcheit* weiter ausgebaut, bis dann *tugent* durch *reht* eine grundlegende Veränderung der *gwalte*-Funktion mit sich bringt. Wenn wir überhaupt von einer Entwicklung innerhalb dieser Strophe sprechen können, dann liegt diese weder in der persönlichen Aussage (im Inhaltlichen) noch in den begrifflichen Abstraktionen. Der Dichter stellt sich dar, indem er die Verwandlungsmöglichkeiten der Begriffsfunktion von *gwalte* aufzeigt. Am Anfang der Strophe ist *gwalte* zu verstehen als Intention des Dichters, als Funktion seines Willens: wan daz si ist gewaltic mîn. Am Ende der Strophe hat sich die Funktion von *gwalte* verändert. *gwalte* wird »objektiviert«, wird Teil eines Wertsystems, das durch die Herrin (*tugent* durch *reht*) getragen wird. Der Sänger unterwirft sich der *gwalte* der Herrin. Der Wandel, den der Dichter durchmacht, ist also identisch mit den Bezugs- und Differenzierungsmöglichkeiten von *gwalte* innerhalb eines höfischen Begriffssystems. *gwalte* ist zunächst ein spezifisches Zeichen für eine persönliche Haltung (wan daz si ist gewaltic mîn), wird dann aber entgrenzt und erscheint innerhalb eines objektiven Begriffssystems bedeutungsvoll. Die Einseitigkeit der Affirmation (wan daz si ist gewaltic mîn) macht der Vielseitigkeit der begrifflichen Bezüge von *gwalte* Platz. Damit rückt der Sänger in den Hintergrund zugunsten der Herrin und des Wertsystems, aus dem heraus sie evoziert und verstanden wird.

Wo liegt nun das bewegende Moment in der Strophe? Es liegt nicht im Dichter, sondern in den Begriffen, aus denen heraus sich der Dichter als Persönlichkeit, als ethisches Glied der höfischen Gesellschaft bildet. Damit ist das Persönlichkeitsprinzip nicht ausgeklammert, sondern nur die romantische Ansicht einer existentiell sich selbst definierenden selbstgestaltenden Persönlichkeit. An diesem Beispiel von Rudolf von Fenis hat sich innerhalb unseres strukturanalytischen Ansatzes herausgetellt, daß durch die *relatio*-Funktion im kultischen Sprachvollzug, Personen (der Sänger, die Herrin) keine eigenständige, aus sich heraus verständliche Einheit darstellen. Ein weiteres Beispiel liefert uns Walther von der Vogelweide in seinem Lied »Frowe, vernemt dur got von mir diz maere:...« (W 112, 35). Das ganze Lied baut sich nach dem Prinzip der *relatio* auf. Die ersten zwei Strophen seien zur Veranschaulichung wiedergegeben:

> Frowe, vernemt dur got von mir diz maere:
> ich bin ein bote und sol iu sagen,
> ir sünt wenden einem ritter swaere,
> der si lange hât getragen.
> daz sol ich iu künden sô:
> ob ir in welt fröiden rîchen,
> sicherlîchen
> des wirt manic herze frô.
>
> Frowe, enlât iuch des sô niht verdriezen,
> ir engebt im hôhen muot.

des mugt ir und alle wol geniezen,
den ouch fröide sanfte tuot.
dâ von wirt sîn sin bereit,
ob ir in ze fröiden bringet,
daz er singet
iuwer êre und werdekeit. (*W* 112, 35 – 113, 14)

Als Personen erscheinen der Bote, der Sänger als *persona*, d. h. als der im Lied nach Liebesbezeugung verlangende Minnende (der den Boten schickt), der Vortragende, der mit der *persona* verquickt sein kann, aber nicht mit ihr identisch ist, und die Herrin. Vom Inhalt her scheint eine bruchlose Interpretation möglich zu sein. Wir setzen deshalb zunächst einmal die Identität der Personen voraus, die im Rahmen der vorgetragenen Fiktion aussagen, mitteilen, reagieren, hoffen und zurückweisen. Da ist der Bote, vom Sänger geschickt, der die *frowe* bittet, doch dem Ritter seine »swaere, der si lange hât getragen« zu nehmen. Er fügt noch hinzu, daß aus dieser Gnade dann sein Singen entspringt, worüber noch »manic herze frô« sein wird. In der zweiten Strophe dann erweitert der Bote dieses Verlangen des Sängers und weist noch einmal darauf hin, daß sein Singen »ir und alle«(n) zugute kommen wird.

Auch die dritte Strophe (Botenstrophe) bleibt in dem Rahmen der vorausgegangenen Strophen. In der vierten Strophe dann reagiert die Frau auf das Anliegen des Minnenden. Sie weist ihn zurück:

ich wil nâch dem rehten varn,
ze leide im der mich anders lêre. (W 113, 27–28)

Wir stellen uns hier nun zwei Fragen: erstens, wie sieht es mit der Aussage im Lied aus, d. h. wie ist sie aufgebaut, was »bewegt« sie oder präziser: was sind die ihr innewohnenden inhaltsbestimmenden Strukturelemente; zweitens, welchen Bezug hat der unmittelbar vom Sänger geleistete Liedvortrag zum fiktiven Inhalt? Strukturbestimmend ist die Funktion von *fröide*, durch die die ersten zwei Strophen verbunden sind. Wir stellen zunächst einmal fest, daß *fröide* weder von der Herrin noch vom Sänger ausgeht. Einerseits wird zwar gesagt, daß sie ihm *fröide* bringen solle: »ob ir in welt fröiden rîchen«, andererseits aber kommt ihr und den anderen dadurch Freude zu:

des mugt ir und alle wol geniezen,
den ouch fröide sanfte tuot. (W 113, 9–10)

êre in der zweiten und dritten Strophe hat die gleiche Funktion wie *fröide* in der ersten und zweiten Strophe. Der Sänger besingt in seinem Gesang ihre *êre* als eine der Herrin zukommende Eigenschaft. Jedoch ist diese *êre* auch Folge seines Singens, sie wird im eigentlichen Vortrag erst realisiert:

> daz er singet
> iuwer êre und werdekeit. (W 113, 13–14)

êre ist nicht nur als Beinhaltung des Gesangs, die den Zuhörern – und unter ihnen besonders der Herrin – zugute kommt, sondern auch als Eigenschaft der aus der Herrin fließenden Güte zu verstehen:

> er mac wol geniezen iuwer güete,
> sît diu tugent und êre hât. (W 113, 17–18)

Eine den Begriffen *êre* und *fröide* verwandte Funktion hat das verbale *geniezen*, das einmal von ihm ausgeht: »des mugt ir und alle wol geniezen« (W 113, 9) und danach von ihr kommt: »er mac wol geniezen iuwer güete.« (W. 113, 17) Gesang und höfische Werte bedingen sich gegenseitig. *fröide, êre, geniezen* haben ihren Ursprung weder in der Herrin noch im Sänger oder im Gesang. Es ist das Strukturprinzip gegenseitiger Entsprechungen (strukturanalytisch in der *relatio*-Funktion greifbar), das die Herrin und ihre *güete*, den Gesang und seine wohltuende Wirkung, den Sänger als Geber und Nehmer erst möglich macht. So wird auch hier das Nacheinander einer konfessionellen Aussage mit Ursache und Wirkung ersetzt durch ein statisches Prinzip sprachlicher Entsprechungen. Als Bewegung gilt dann nicht das ausgesprochene Gefühl und sein Echo, sondern vielmehr die Sichtbarmachung einer geistigen Wertwelt, die durch die Struktur sprachlich fixierter Bezüge konstituiert wird.

Betrachten wir den Vorgang im Lied als Minnefiktion mit traditioneller Thematik (Werbung und Zurückweisung), so ist auch der fiktive Vorgang durch eine komplementäre Struktur bestimmt, und zwar so, daß das Werben des Boten nur seine Bedeutung erhält durch die darauffolgende Zurückweisung der Herrin, während diese wiederum erst als Pol zur Werbung beinhaltet wird. Dabei steht nicht so sehr die Werbung und Zurückweisung als Ursache und Wirkung im Mittelpunkt, sondern die Sichtbarmachung eines polaren Bezugs, in dem jeder Pol sich erst aus dem Bezug zu seinem Gegenteil konstituiert. Wir wollen jedoch hier diesem Strukturelement der Fiktion nicht weiter nachgehen. Weit wichtiger ist das Verhältnis des unmittelbaren Liedvortrags zur Minnefiktion des Inhalts. Das Verhältnis läßt sich erfassen als Verhältnis der *persona*, des im Lied auftretenden Minnenden, dessen Werbung durch den Boten vorgetragen wird, zu dem eigentlichen Sänger und Dichter des Liedes selbst, bzw. dem Vortragenden. Während die *persona* abwesend ist, aber durch den Boten spricht, ist der Sänger anwesend als Vortragender, aber er sagt nichts direkt über sich aus. Gehen wir jedoch von der Aussageform über zum Vortrag vor einem höfischen Zuhörerkreis, dann tauschen *persona* und Sänger die Rollen. Die *persona* ist nun der Sänger selbst, der eine Maske vor den Zuhörern trägt, während die *persona* im Lied durch das, was sie sagt, »wirklich« ist. Auch hier zeigt sich das Strukturprinzip der *relatio* als bestimmend: ohne die polare Entsprechung von *persona* und Sänger gäbe es weder Minnefiktion noch eine Vortragsfunktion als Gesellschaftsspiel. Die Identität der Personen, also hier des Sängers und der *persona*, liegt im Bezug, nicht in einer ihnen gegebenen, von vornherein feststehenden Identität. Persönliche Identität taucht als Problem nicht auf, solange der Bezug selbst im Mittelpunkt steht, sei es nun innerhalb der sprachimmanenten Liedfiktion, oder sei es im Vortrag selbst. Wenn Walther in einem anderen Lied sagt:

> durch die liute bin ich frô,
> durch die liute wil ich sorgen: (W 48,3–4)

oder einige Zeilen später:

> swie si sint sô wil ich sîn (W 48, 7)

so ist damit konsequent die Frage nach der persönlichen Identität umgangen. Dies ist möglich, solange der Minnesang als Kult funktioniert, innerhalb eines gesellschaftlichen Bezugsrahmens, dessen Realität als nahtlose Entsprechung der Dinge begriffen wurde.

Wirkliche gesellschaftliche Widersprüche jedoch lösen den Minnesang als Kult auf (siehe Kapitel: Minne und Gesellschaft). Dahinter steht natürlich auch die Notwendigkeit des Sängers, sich der höfischen Gesellschaft anzupassen, sie und ihre Werte zu reflektieren. Doch wäre es falsch, ohne das spezifisch mittelalterliche Selbstverständnis zu berücksichtigen, einfach von Verdrängungs- und Verschleierungsmechanismen zu reden, wie sie von einer vulgärmarxistischen oder psychologischen Perspektive hervorgehoben würden. Auch die bürgerliche Forschungsrichtung wird dem hier angesprochenen Bezug von Person und Gesellschaft nicht gerecht, wenn sie versucht, den hinter den objektiven Strukturen der mittelalterlichen Selbst- und Wirklichkeitsgestaltung schlummernden Renaissancemenschen zu entdecken. Auch im Minnesang wird sichtbar, was für den mittelalterlichen Menschen schlechthin galt: die Zuordnung des Einzelnen zu einem feststehenden Allgemeinen. In unserem strukturanalytischen Ansatz geht es letztlich nur um die Art und Weise menschlicher Ausdrucksmöglichkeiten, indem wir herauszuarbeiten versuchen, welche sprachlich fixierten Integrationsprinzipien a priori gegeben waren. Damit sind weder Verschleierungsmomente noch emanzipative Ansätze in Abrede gestellt. Diese sind in jedem Falle zu messen an der spezifisch mittelalterlichen Auffassung von Menschen und Wirklichkeit.

Als weiteres Beispiel, an dem die Identität der Personen im kultischen Prozeß umrissen werden soll, nehmen wir die einleitenden Zeilen von Walthers Lied 63, 32

> Si frâgent unde frâgent aber alze vil
> von mîner frowen, wer si sî.
> daz müet mich sô daz ichs in allen nennen wil:
> sô lânt si mich doch danne frî.
> genâde und ungenâde, dise zwêne namen
> hât mîn frowe beide. die sint ungelîch: (W 63, 32–37)

Es geht hier um die Frage, die die höfische Gesellschaft eindringlich an Walther richtet, wer nun seine *frowe* eigentlich sei. Die Frage beabsichtigt, daß sich Walther zu einer bestimmten *frowe* bekennt und deren persönliche Eigenschaften preisgibt. Walther weicht aber der Verdinglichung seines *frowe*-Ideals aus, indem er nun keine Antwort gibt. Die *frowe* wird im fiktiven Sprachvollzug gestaltet. Er sagt nichts von ihr aus, worin sie sinnlich faßbare Persönlichkeit würde, sondern er evoziert sie in der Sprache selbst: »daz ichs in allen nennen will«. Dieses Benennen der *frowe* gestaltet sich nun an dem polaren Begriffspaar *genâde–ungenâde*, von dem aus die *frowe* erst »wirklich« wird. Es ist die Ungleichheit dieser beiden Kategorien (die sint ungelîch), die erst die Spannung schafft, von der nun das Frauenideal gestaltet werden kann. Dreierlei ist dabei festzuhalten:

1) das Begriffspaar erhält erst im gegenseitigen Bezug seinen Realitätswert,

2) ihre Funktion ist wichtiger als was sie bezeichnen mögen. So schafft also die Distanz der beiden Pole den Spielraum, innerhalb dessen nun das Lob und die Klage, die Liebe und das Leid manifestiert werden können,

3) vom Standpunkt einer sozialen Wirklichkeit bildet das Begriffspaar *genâde* und *ungenâde* eine Maske, die der *frowe* aufgesetzt wird, auf die die einleitende Frage der höfischen Gesellschaft gezielt ist. *frowe* wird also zur Rolle, besser gesagt: sie ist die Rolle, die sie im *liet* spielt.

Die Wirklichkeit des Frauenideals liegt also im sprachlichen Bezug der Pole *genâde* und *ungenâde*, während die soziale Wirklichkeit die beiden Begriffspaare als Maske der *frowe* erscheinen läßt. Ein Konflikt besteht nicht, solange im sprachlichen, fiktiven Bezug keine Antinomie sichtbar wird zwischen der Affirmation einer ideellen Wirklichkeit und der sozialen Realität.

Die durch die *relatio*-Funktion gegebene Wirklichkeitsgestaltung ist im Bezugsrahmen der höfischen Gesellschaft eingebettet. Der vortragende Sänger, die Zuhörer, das Ideal der Herrin bestimmen diesen Bezugsrahmen. Wirklichkeitsgestaltung ist also begriffen als ein Vorgang innerhalb der Gesellschaft. Ist diese sprachimmanente *relatio*-Funktion auch in der Verarbeitung der Natur bestimmend? Oder ist da eine ganz andere Wirklichkeitsgestaltung gegeben? Der Minnesang befaßt sich nicht mit der Natur selbst. Wir kennen die rhetorischen Naturverweise, die in der mittellateinischen Lyrik vorgezeichnet waren. Jedoch gibt es auf die Minneaffirmation bezogene Naturindizien, vor allem in den Bildern Heinrichs von Morungen. Die Struktur dieser Bilder liefert eine weitere Differenzierungsmöglichkeit unseres stukturanalytischen Ansatzes. In den Bildern Heinrichs von Morungen stellt sich nämlich heraus, daß die *relatio*-Funktion in einem bestimmbaren Analogievollzug bemerkbar wird, durch den die Naturindizien erst ihre Funktion und ihre Beinhaltung bekommen. Zur Veranschaulichung dieses Analogievollzuges die abschließende Strophe aus dem Lied von Heinrich von Morungen »Ez tuot vil wê,« (MF 134, 14):

Wâ ist nu hin mîn liehter morgensterne?
wê waz hilfet mich daz mîn sunne ist ûf gegân?
sist mir ze hôh und ouch ein teil ze verne
gegen mittem tage unde wil dâ lange stân.
ich gelébte noch den lieben âbent gerne,
daz si sich her nider ze trôste wolte lân,
wand ich mich hân gar verkapfet ûf ir wân.

(MF 134, 35–135, 6)

Wir gehen vom Inhalt aus, um daran die *relatio*-Funktion zu bestimmen. Was ist in dieser Strophe ausgesagt und wie ist es ausgesagt? Das Thema ist die Minne zur Herrin. Sie ist dargestellt im Bild der Mittagszeit. Die Sonne steht im Zenith. Die Herrin erscheint nicht direkt und wird auch nicht direkt erwähnt. Unter dieser Sonne steht nun der Sänger und hofft, daß sie wieder untergehen möge oder besser: sich zu ihm herablassen möge. Der Abend wird als Vorbote der Liebesnacht herbeigesehnt. Das Ganze wird eingetaucht in die Klage um die verschwundene Liebesnacht: Wâ ist nu hin mîn liehter morgensterne? Man ist fast versucht, an das Mörike-Gedicht vom verlassenen Mägdlein zu denken und ihre Sehnsucht nach der entschwundenen Nacht, mit dem Traum vom »treulosen Knaben«:

So kommt der Tag heran
O ging er wieder.

Nur sind im Mörike-Gedicht die Dinge realer und subjektiver zugleich. Herd – Feuer – Flamme – Funken bilden strukturell einen immer engeren Kreis um das Mädchen, bis hin zum: Ich schaue so drein, in Leid versunken. Die Dinge sind hier ausgerichtet auf eine stille Mitte im Mädchen, aus der es dann aus dem Unbewußten durchbricht: »Plötzlich, da kommt es mir, / Treuloser Knabe, / Daß ich die Nacht von dir / Geträumet habe.«. Die Dinge haben in der Strophe Heinrichs von Morungen eine ganz andere Funktion. Wir sagten, daß der Sänger die Sonne beschreibt, die hoch im Zenith steht. Doch damit verlagert sich der Schwerpunkt schon zu sehr auf die Sonne als eigenständiges Naturindiz. Das Sonnenbild erhält Bedeutung, indem wir es als Analogie zur Herrin verstehen, und so können wir sagen, daß die Sonne eigentlich die Herrin »ist«. Die Hinweiskraft des Sonnenbildes liegt also im Bezug zur Herrin, *ohne daß* die Sonne an Eigenwert verliert. Der Dichter sehnt sich nach dem Abend, und hier klingt das

Tageliedmotiv der Nacht als Zeit des Liebesvollzugs leise an. Im Abend spiegelt sich die Hoffnung des Sängers, daß sich die Herrin ihm nähern möge, herabsteigen möge von ihrer überhöhten Stellung, herunter zu ihm. Die Hoffnung des Sängers, das Wissen um die Distanz zwischen ihm und der erflehten Herrin erhalten Substanz durch den Bezug zur weit entfernt am Himmel sich bewegenden Sonne, ohne daß die Hoffnung an Eigenwert verliert.

Wir sprechen von einer Analogie *frouwe–sunne*. Die *sunne* vollzieht in ihrer Bewegung durch den Tageshimmel die Distanz der *frouwe* vom Sänger. Der geistige Raum konstituiert sich im Bezug Sänger, *frouwe, sunne*. Die *sunne* ist deshalb weder Mittel zur Veranschaulichung eines Liebesverhältnisses, noch Ausdruck einer romantischen Projektion dichterischer Vorstellungskraft. Es ist nur eine ganz bestimmte Eigenschaft der Sonne, nämlich ihre Bewegung und Ferne, die hier bedeutsam wird. Die Sonne als »Objekt« hat keinerlei Realitätswert, und wird damit nicht zur Veranschaulichung der Projektion benutzt. Es kann sich also weder um eine Beseelung der Natur, noch um die »objektive« Gestaltung eines Naturphänomens handeln. Die *sunne*, die Herrin, der Sänger nehmen teil an dem unmittelbaren Vollzug minnesängerischer Selbstdarstellung und Wirklichkeitsgestaltung in der Sprache. Selbstdarstellung und Wirklichkeitsgestaltung sind in dieser kultischen Vereinigung getrennter Wirklichkeitsmomente identisch. Wir wollen diesem Gedanken noch etwas weiter nachgehen. »Daz si sich her nider mir ze trôste wolte lân« – wir haben es hier mit einer besonderen »Bewegung« zu tun. Sie ist entgrenzt, d. h. sie läßt sich weder ausschließlich auf die Herrin festlegen, noch auf die *sunne*. Es handelt sich um eine Bewegung, an der sowohl Sänger, als auch Herrin und *sunne* teilnehmen. Wunsch nach Liebeserfüllung (daz si . . .), die Erhöhung der Herrin als Voraussetzung minnesängerischen Tuns und Leidens, die schöne Geste des Geneigtseins und des Neigens und der Stand der Sonne im Zenith haben Eigenwert nur insofern, als ihnen ein Standort in der Wirklichkeit zukommt, aus dem Bezug, der sie bestimmt, und das gilt sowohl für den Träger der Bewegung (d. h. Herrin und *sunne*) als auch für den Dichter, dessen Auge zugleich aufnimmt und schafft.

Ein Vergleich mit anderen *»sunne«*-Stellen in der Lyrik Heinrichs von Morungen zeigt, daß *sunne* oft eine ganz verschiedene und manchmal auch unserer Stelle zuwiderlaufende Bedeutung hat. So zum Beispiel:

wê der houte, diu der werlt sô liehten schîn
an ir hât benomen daz man si niht wan selten sêt, . . .
(*MF* 136, 26–27)

Hier ist die Eigenschaft der Sonne als Lichtquelle in den Prozeß der Selbstdarstellung und Wirklichkeitsgestaltung eingeschaltet. Das Licht und das Leuchten werden zur normativen *relatio*, wie besonders eindrucksvoll in den folgenden Versen von Morungen:

alse ab si mîn ouge an siht,
sô tagt ez in dem herzen mîn. (*MF* 130, 37–38)

Tageliedmotiv und die Liebe als etwas, das durch das Auge in das Herz des Sängers dringt, sind literarhistorisch erklärbar. Sie gehören zur feststehenden Tradition mittelalterlicher Liebesdichtung. In unserem Zusammenhang interessiert uns aber nur dieses Licht, durch das sich der Sänger im Bezug zur Herrin verwirklicht. Es erfüllt eine geistige Funktion der Bindung zwischen Sänger und Herrin. Das Licht ist das Medium, durch das Sänger und Herrin erst erhellt werden, d. h. sich erst als »real« manifestieren.

Was wir hier festhalten wollen, ist folgendes: *sunne* als Zeichen für ein konkret in sich verständliches *significatum* ist entgrenzt. Die eine oder andere Eigenschaft, die sich an der Naturerscheinung isolieren läßt, wie etwa Wärme, Ferne, Lauf durch den Himmel, ihr Leuchten, tritt nun je nach dem unmittelbaren Zusammenhang der Liedaussage in den Vordergrund und wird Teil eines sprachlichen Vorgangs. Vom Inhaltlichen her können wir von einer Auswechselbarkeit der Teile sprechen, die oft zu inhaltlichen Widersprüchen führt, wenn wir verschiedene Stellen eines Sängers vergleichen, etwa die Sonne als Zeichen der Trennung der Liebenden oder als Zeichen ihrer Vereinigung.

Hiermit wäre nun die *relatio*-Funktion innerhalb der Bildstruktur Heinrichs von Morungen etwas näher umrissen: Sie ist zu verstehen als Analogieverfahren, in dem Selbstdarstellung und Wirklichkeitsgestaltung als identisch betrachtet werden.

Einige allgemeine Feststellungen lassen sich hier anknüpfen. Wir haben es mit einer Dichtung zu tun, die eine Bewußtseinsschicht aufzeigt, in der der Mensch noch nicht von den Dingen getrennt ist, die ihm wertvoll und für ihn wirklich sind. Diese Bewußtseinsschicht gestaltet sich um so deutlicher, je mehr die Dichter versuchen, die Immanenz geistig-geistlicher Werte innerhalb höfisch-weltlicher Dichtung zu suchen. Damit ist nichts ausgesagt gegen den Minnesang als Gebrauchslyrik und Unterhaltung. Wir stellten nur fest, daß in der Gebrauchslyrik und Unterhaltung die Tendenz mitspielt, die ideelle Wirklichkeitsorientierung der Zeit im Weltlichen nachzuvollziehen. So stoßen wir auf das Analogieverfahren, dessen Bedeutung nicht etwa in der inhaltlichen Übernahme von religiösen Motiven (Marienlyrik) liegt, sondern vielmehr in einem integrativen Sprachvollzug, der sowohl mimetische als auch normative Funktion hatte. Im Morgenstern-Bild von Heinrich von Morungen ließ sich zeigen, wie durch die *relatio*-Funktion die realen Naturindizien und die dichterische Projektion zusammenfallen. Metapher und Wirklichkeit treten somit in ein besonderes Verhältnis zueinander. Die dichterische Sprache ist also mimetisch und normativ zugleich. Selbstdarstellung und Wirklichkeitsgestaltung sind unzertrennlich. Hiermit ist ein Zugang geschaffen zu den kultischen Vollzugsformen, die im Minnesang wirksam sind. Es wird zu zeigen sein, daß der Minnesang als Kult nur von kurzer Dauer sein konnte. Die ausgeprägte Ironie Walthers, die mystische Intensität Heinrichs von Morungen, Hartmanns Rückkehr zu einer traditionellen Religiosität untergraben den Minnesang als Kult. Ja, selbst bei Reinmar wird der Minnesang als Kult fragwürdig in dem Moment, wo sich bei ihm absolute Distanz und absolute Identifikation mit dem Minneprozeß andeutet.

Jedoch liegt der wesentliche Grund für den Zusammenbruch der sprachimmanenten Minnewelt einfach darin, daß das ihr innewohnende Strukturprinzip sich mit der Wirklichkeitsorientierung einer elitären, höfischen Schicht deckte und deshalb die sprachliche Reflexion von Gesellschaftskonflikten kaum gegeben war. Auch konnte eine religiöse Wirklichkeitsorientierung, wenn man von der Übernahme spezifischer religiöser Inhalte und Bilder absieht, innerhalb der sprachimmanenten Minnewelt nicht verarbeitet werden.

In einem weiteren Bild Heinrichs von Morungen finden wir eine Verbindung gesellschaftlicher Werte mit Naturindizien:

Sie ist zallen êren ein wîw wol erkant,
schœner gebêrde, mit zühten gemeit,

sô daz ir lóp in dem rîche umbe gêt.
alse der mâne vil verre über lant
liuhet des náhtes wol lieht unde breit
sô daz sîn schîn al die welt umbevêt,
alse ist mit güete umbevangen diu schône;
dés man mir jêt,
si ist aller wîbe ein krône (MF 122, 1–9)

Inhaltlich ist diese Strophe ein Lob der Herrin. Historisch ließe sich herausstellen, daß hier sowohl christliche als auch platonische Momente eine Rolle spielen (die Verbindung von Güte, Tugend und Licht). Die Marienlyrik zeigt sich in der letzten Zeile der Strophe: »si ist aller wîbe ein krône«. Zunächst fällt also einmal das Konventionelle dieses Morungenbildes auf. Im Morgensternbild mißt und gestaltet der Sänger die Distanz zu seiner Herrin (womit auch gesagt ist, daß in dieser Distanzierung und Gestaltung sowohl die Herrin als auch der Sänger selbst erst »real« werden).

Hier geht es um die »Realität« des Minneideals auf Grund eines ganz bestimmten Prinzips der Bezugsetzung von ideellen und konkreten Momenten. Er singt von dem weitverbreiteten Ruhm der Herrin. Dieser Ruhm wird konstatiert als eine höfische, gesellschaftliche Gegebenheit. Es ist jedoch keine Definition möglich, die diesen Ruhm beinhaltet. Der Ruhm erhält nämlich durch einen Analogieprozeß seinen eigentlichen Bedeutungsschwerpunkt, und zwar durch die Art und Weise, wie die verschiedenen Elemente des Bildes aufeinander bezogen sind.

Es ist ihr *lóp*, das im Lande umgeht. Analog dazu ist der *mâne* gesetzt, der *verre über lant* sein Licht verbreitet. Das *lóp* geht also von ihr aus und geht im *rîche* um, wie das Mondlicht *über lant*. Bräche Heinrich von Morungen hier seine Bildgestaltung ab, so hätten wir es mit einem einfachen Parallelismus zu tun, in dem eine Naturerscheinung mit einer menschlichen Situation verglichen wird. Die Parallele wäre dann ganz einfach bestimmt von der Ausstrahlung, die das *lóp* der Herrin und der Mond besitzen. Jedoch des weiteren umfängt das Licht des Mondes die ganze Welt, analog nämlich zur *güete*, mit der die schöne Herrin ihrerseits umfangen wird. Die Ausstrahlung, die von ihr ausging, wird nun durch das auf die Herrin zurückfallende Licht komplementiert. Diese Doppelseitigkeit der Ausstrahlung und des

Empfangens zugleich läßt sich nicht auflösen, ohne die Integrität des ganzen Bildes zu zerstören. Die Herrin ist sowohl Quelle von Licht und Lob als auch deren Empfängerin. *lóp*, *mâne*, *schîn*, *güete*, *schône* haben keinen Eigenwert. Ihre Realität wird erst geschaffen durch den Analogieprozeß selbst. Eine ideelle Affirmation ist also nicht an der isolierbaren Einheit möglich, also nicht etwa am *lóp*, an der Herrin oder am Mond. Wir haben oben festgestellt, daß der Ruf in den zwei ersten Zeilen der Strophe konstatiert wird, als höfisch gesellschaftliche Selbstverständlichkeit: »Si ist zallen êren ein wîp wol erkant.« Ihr Ruf ist also allgemein bekannt. Gegen Ende der Strophe setzt sich der Sänger in Bezug zu dieser gesellschaftlichen Gegebenheit: »dés man mir jêt«. Er setzt anfänglich etwas als bekannt voraus, das er gegen Ende der Strophe erst erfährt. Seine Affirmation (Si ist zallen êren ein wîp wol erkant) und Erfahrung (dés man mir jêt) sind unzertrennlich, ja sie bedingen sich gegenseitig. Das Nacheinander von Ursache und Wirkung macht der Gleichzeitigkeit sprachlicher Entsprechungen Platz.

Pauschal könnte man sagen, daß in den Bildern Heinrichs von Morungen Gesellschaft (in ihren höfischen Wertvorstellungen), Natur (in minnebezogener Funktion) und Persönlichkeit (der sich im Sprachvollzug konstituierende Sänger) angesprochen werden. Dies ist jedoch nur ganz bedingt der Fall, auf der inhaltlichen Oberfläche sozusagen. Von den strukturanalytisch bestimmbaren, sprachlichen Vorgängen her liegt ein solcher Grad der Integration der einzelnen bezogenen Teile vor, daß sich die Wirklichkeitsschwerpunkte Natur, Gesellschaft, Persönlichkeit erst gar nicht ergeben. Wir wollen in einem letzten Beispiel von Heinrich von Morungen diese Integration noch etwas differenzieren, und zwar geht es dabei um die Konstituierung des »persönlichen Gefühls« als Vorgang im »objektiven Raum«:[4]

In sô hôe swebender wunne
sô gestuont mîn herze an fröiden nie.
ich var alse ich fliegen kunne
mit gedanken iemer umbe sie,
sît daz mich ir trôst enpfie,
der mir durch die sêle mîn
mitten in daz herze gie. (*MF* 125, 19–25)

---

[4] cf. Panofsky, unter *Bibliographie (infra)*.

Eine Inhaltsanalyse dieser Strophe Heinrichs von Morungen wird die Motive ins Auge fassen. Dabei wären drei Motivkreise zu berücksichtigen: das Motiv des Vaganten im Verbum *varn* (ich var alse ich fliegen kunne...), das Motiv des Minnetrostes (trôst enpfie), und das *herze-ouge-sêle*-Motiv als Veranschaulichung der Geburt der Minne im dienenden Sänger. Heinrich von Morungen konstruiert aus diesen drei Motivkreisen eine Affirmation der hohen Minne. Sind einmal die Wurzeln dieser Motivkreise klar bestimmt, dann können wir diese Strophe auf inhaltlicher Ebene erklären. Dieser analytische Ansatz stellt die *traditio* in den Mittelpunkt des dichterischen Prozesses und löst damit auch die Frage nach der persönlichen *inventio* (als Intensivierung, Variation oder gar als Transformation der *traditio*) aus. Die drei traditionellen Motivkreise erscheinen uns dann als eindrucksvolle Apotheose der hohen Minne. »Höhe«, »fliegen«, »das gedankliche Umkreisen der Herrin« haben metaphorische Funktion; sie stellen das persönliche Gefühl des Sängers dar. *Traditio* und *inventio* (Form und Persönlichkeit) bedingen damit das, was wir über die Strophe aussagen können. Doch auch hier zeigt sich, daß das Denkmodell Form und Persönlichkeit an der eigentlichen Dynamik dieser Strophe vorbeigeht. »Höhe« in der einleitenden Zeile (In sô hôe swebender wunne / sô gestuont mîn herze an fröiden nie) ist nicht nur als Metapher einer Gefühlslage verständlich, sondern auch als Bestimmung eines Standorts. *Höhe* und *Tiefe* begrenzen weder eine private Gefühlsskala einerseits, noch bezeichnen sie empirische Raumbestimmungen andererseits. In der Spannung von *Höhe–Tiefe* ist vor allem der geistige Standort des mittelalterlichen Menschen ermittelt, der ihm als objektiv gegeben erscheint. In seinem »In sô hôe swebender wunne...« schafft Heinrich von Morungen ein Metapher seiner Stimmung, einbezogen in die geistige Perspektive, die sich im Begriff *Höhe* evoziert. *gedanken*, *herz*, *trôst* und *sêle* sind aus dieser Höhe, aus diesem geistigen Raum heraus konstituiert. Diese Begriffe sind also nicht nur im Rahmen einer metaphorischen Gestaltung des Minnegefühls bedeutsam, sondern auch als entgrenzte Zeichen einer ideellen Welt. Wir halten fest: die dichterische Metapher läßt sich von der objektiv konzipierten, geistigen Dimension nicht trennen, und darin liegt die Dynamik der hochhöfischen Minneaffirmation schlechthin. Der geistige Raum ist zugleich der seelische Raum des Dichters. Fassen wir den Vorgang näher ins Auge, der uns hier vorgeführt wird, so sehen wir einerseits, wie der Begriff *trôst* sich »von selbst bewegt«, gleichzeitig aber durch die Seele dem Sänger ins Herz geht, als persönliche Metapher. Dieser Vorgang ist nur verständlich, indem wir *relatio* als das konstitutive Moment mittelalterlicher Wirklichkeitsgestaltung postulieren, hier in Form eines Analogievollzugs, der objektive Vorgänge und subjektive Gefühlsregungen identisch macht. So läßt sich also die »Gefühlsbewegung« nicht als ausschließlich subjektiver Vorgang erklären.

Die Persönlichkeit des Sängers ist zu erfassen im »geistigen« Raum (i. e. in dem durch die Entsprechung und Kontrastierung sprachlicher Zeichen geschaffenen Spannungsfeld), in dem sich die Begriffe als Zeichen menschlicher Seelenbewegungen verwirklichen. Dieser »geistige« Raum gibt dem Ideal der Herrin erst Substanz. Die Herrin ist mit der gesellschaftlichen hohen *stât* identisch, die auch Bernger vorschwebt:

dúrch daz send ích disiu lieder für spehen
an eine stát dar daz herze mich twanc. (MF 113, 35–36)

Abschließend seien einige Grenzfälle besprochen, in denen der Minnesang als Kult problematisch wird. Dazu dient vor allem eine Strophe aus dem Lied: »Ich grüeze mit gesange die süezen« (MF 5, 16) von Kaiser Heinrich:

Mir sint diu rîche und diu lant undertân
swenn ich bî der minneclîchen bin;
unde swénne ab ich gescheide von dan,
sost mir ál mîn gewalt und mîn rîchtuom dâ hin;
senden kúmber den zele ich mir danne ze habe:
sus kan ich an vröiden ûf stîgen joch abe,
unde brínge den wehsel, als ich waen, durch ir liebe
ze grabe. (MF 5, 23–29)

Kaiser Heinrich bezieht seine reale gesellschaftliche Stellung in den Minneprozeß ein. *diu rîche* und *diu lant* werden jedoch als gesellschaftliche Realität verschleiert und neutralisiert, indem sie als Teil der Minnepolarität konzipiert werden.[5] Die Spannung zwischen »swenn ich bî der minneclîchen bin« und »swénne ab ich gescheide von dan«

[5] P. Bründl, »Unde bringe den wehsel, als ich waen, durch ir liebe ze grabe.« Eine Studie zur Rolle des Sängers im Minnesang von Kaiser Heinrich bis Neidhart von Reuental«, *DVj* 44 (1970), S. 409–432.

bestimmen die Struktur der Strophe und schaffen den Spielraum, in dem das Minneideal evoziert werden kann. Die Stellung als Kaiser innerhalb der Gesellschaft wird zur Rolle im fiktiven Sprachvollzug. Das bedeutet auch, daß sich die Selbstdarstellung nicht über die Spannung von Beisammensein und Getrenntsein der Liebenden hinausbewegt. Behalten wir einmal im Sinn, daß es sich bei dem Sänger ja immer noch um den Kaiser handelt, der auch ohne seine Minne und ohne sein Singen *gewalt* und *rîchtuom* besitzt, so erhält die soziale Wirklichkeit in diesem Lied eine Doppelfunktion: einerseits neutralisiert der Sänger seine kaiserliche Macht im Vollzug der Minne, andererseits bleibt den Zuhörenden aber doch noch seine reale Macht, seine soziale Stellung bewußt. Somit entwickelt sich neben der polaren Spannung vom Scheidenmüssen und Zusammensein eine weitere Polarität, aus der heraus die Strophe gestaltet ist: die in dem Sprachvollzug manifestierte Unterwerfung des Kaisers einerseits und die unausgesprochene kaiserliche Macht und Würde andererseits. Die scheinbar ungebundene Minneidealität, festgelegt in dem Strukturprinzip der gegenseitigen Bedingtheit der Pole (*relatio*-Funktion der Sprache), klammert einen Widerspruch aus. Der Minnende bleibt in seiner *vröide*, im schwebenden Zustand:

> sus kan ich an vröiden ûf stîgen joch abe,
> unde bringe den wehsel, als ich waen, durch ir liebe
> ze grabe.

Was hier als *wehsel* bezeichnet wird, ist keine dargestellte Veränderung im menschlichen Schicksal, keine sinnbildliche Aussage über Lebensbedingungen, auch keine Konfession und Darstellung einer Liebe, die menschliche Schwankungen kennt. Der *wehsel* ist Bewegung, Veränderung innerhalb der erkannten geistigen Minnewirklichkeit, manifestiert im unmittelbaren Liedvollzug selbst. Dieser *wehsel* deutet also, auch im fiktiven Bereich, keine Veränderung an, sondern ist Ausdruck der vielseitigen Gestaltungsmöglichkeiten eines ideellen Bezugspunktes. Die *persona* wird bewegt, indem die Pole (also Zusammensein und Getrenntsein in der Minne; Unterwerfung und kaiserliche Autonomie im gesellschaftlichen Spiel) sich im unmittelbaren Sprachvollzug erst konstituieren.

In der Strophe von Kaiser Heinrich haben wir es also mit demselben Sprachvollzug zu tun wie bei Walther von der Vogelweide

(W 63, 32): Beide Strophen setzen scheinbar bei der gesellschaftlichen Wirklichkeit an. Bei Walther in der Form der Frage, die die Gesellschaft an ihn richtet (Si frâgent unde frâgent aber alze vil...), bei Kaiser Heinrich als Hinweis auf seine Stellung als Kaiser (Mir sint diu rîche und diu lant undertân...). In beiden Fällen ist der Gesellschaftsbezug der erste Schritt zur Evozierung der Minneidealität, – besonders profiliert bei Kaiser Heinrich, bei dem der Hinweis auf seine kaiserliche Stellung in der darauffolgenden Zeile eine Minnefunktion enthält (swenn ich bî der minneclîchen bin...). *gewalt* und *rîchtuom*, die der Kaiser hat und verliert, sind Indizien, durch die die ideelle Wirklichkeit der Minne evoziert wird. *gewalt* und *rîchtuom* als soziale Wirklichkeit werden zur Maske, durch die der Kaiser sich manifestiert. Hier also, wie in der Strophe Walthers, entsteht kein Konflikt zwischen der Affirmation einer ideellen Wirklichkeit und der sozialen Realität. Maske und Spiel einerseits und ethisches Minneideal andererseits sind bruchlos miteinander verbunden. Jedoch der reale Verweischarakter von *rîchtuom* und *gewalt* löst sich nicht vollständig auf. Er wird nur verschleiert. Der damit angeschnittenen Wirklichkeitsproblematik soll im zweiten Kapitel Minne und Gesellschaft nachgegangen werden.

Der Minnesang als Kult schließt die Isolierung und Autonomie der einzelnen Erscheinung aus. Wir verstehen in unserem Ansatz als einzelne Erscheinung etwa die einmalige Dichterpersönlichkeit, die aus sich heraus erklärbare Liebessituation, den konkreten Gesellschaftskonflikt, das Gefühl als eigentliches Bewegmoment und den im Widerspruch zu einem allgemeinen Wertsystem artikulierten Gedanken. Ein Ansatz jedoch zur Isolierung der einzelnen Erscheinung ist im Minnesang durchaus zu finden. Zur Veranschaulichung nehmen wir ein Beispiel aus den Liedern Hartmanns. Hier wird der Minnesang als Kult in Frage gestellt.

Ze frowen habe ich einen sin:
als sî mir sint als bin ich in;
wand ich mac baz vertrîben
die zît mit armen wîben.
swar ich kum dâ ist ir vil,
dâ vinde ich die diu mich dâ wil;
diu ist ouch mînes herzen spil:
waz touc mir ein ze hôhez zil? (MF 216, 37–217, 5).

Die Vorstellung der »Autonomie des Einzelnen« scheint zunächst einmal nach dem alten Denkmodell Form–Persönlichkeit anwendbar zu sein. Individuelle Selbstgestaltung als Kriterium helfen uns jedoch nicht weiter. Aus diesem Grund stellen wir auch den direkten Selbstbezug Hartmanns zurück:

> Hartman, gên wir schouwen
> ritterlîche frouwen (MF 216, 31–32).

In unserer Strophe stellt der Sänger fest, daß er den *frowen* gegenüber *einen sin* hat. Was beinhaltet nun dieses *einen sin*? Er fährt in der nächsten Zeile fort: »als sî mir sint als bin ich in«, und macht diesen *einen sin* abhängig von bestimmbaren Verhaltensweisen. Seine Minnewelt stellt sich somit als bedingt dar. *mâze* als Prinzip minnesängerischer Wertgestaltung wird relativiert; Minne wird zum Kontrakt zwischen zwei Menschen. Die Funktion von diesem *einen sin* ist nicht mehr integrativ, sondern verweist auf bestimmbare Zusammenhänge, die sich nicht mehr mit sprachimmanenten Entsprechungen decken. Der *sin* in der Strophe Hartmanns ist also ein Zeichen, das bestimmbare Verhältnisse zum Inhalt hat: »als sî mir sint als bin ich in«.

In *baz vertrîben* deutet sich ein Werturteil an:

> wand ich mac baz vertrîben
> die zît mit armen wîben. (*MF* 216, 39–217, 1)

Jedoch fehlt diesem *baz* jede kultisch-normative Bedeutung. Es weist auf einen konkreten Wertmaßstab hin, der den Grad der Beglückung bestimmt, die der Liebesdienst einer Frau dem Sänger zu geben vermag. Die Steigerung *baz* enthält also nichts Sprachimmanentes, das vom Sänger als Wertwelt gestaltet werden könnte. Der Sänger und die *armen wîben* haben eine autonome Existenz. Anders gesagt: Zeichen und *significatum* sind getrennt, Sprache und Wirklichkeit stehen einander getrennt gegenüber. Das noch normative *erkiesen* des Minneideals macht dem Zufall des Findens Platz:

> swar ich kum dâ ist ir vil,
> dâ vinde ich die diu mich dâ wil;

Ideelle Selbstgestaltung wird damit zum Überbau einer Wirklichkeit. Diesem Über kommt für Hartmann kein praktischer Wert zu: »waz touc mir ein ze hohez zil.« Es geht hier keineswegs um das Aufspüren von Erlebnisinhalten, die man aus dem sprachlichen Kontext herauslöst – wobei der eigentliche Vorgang des Herauslösens ja erst die Erlebnissphäre schafft. In jedem Fall muß der sprachliche Kontext selbst die Antwort auf die Frage nach dem Wirklichkeitsgehalt geben. In unserer Hartmann-Strophe jedenfalls ist es klar, daß der eine *sin* nicht zu irgendeinem Gegenteil Bezug hat (etwa als Negation oder Aufhebung des *einen sin* in der Gnade der Herrin), sondern im Mittelpunkt der Strophe bleibt. Die innere Bewegung dieser Strophe liegt somit in der Differenzierung von *einen sin* in seiner Verweisfunktion auf bedingte und reale Vorstellungen und Verhaltensweisen. Hier können wir von einer linear sich entwickelnden Logik sprechen und nicht mehr von der Statik minnedialektischer Bezüge.

Es hat sich erwiesen, daß vom Standpunkt der Vortragsform der Minnesang als Kult problematisch wird, und zwar durch die in der Vortragsform gegebene Trennung von *persona* und dem eigentlich Vortragenden. Die Trennung selbst gibt dabei nicht den Ausschlag, denn die ist ja vom empirischen Standpunkt schon gegeben. Die Maske und der sie trägt sind nie identisch. Es geht nur um eine Trennung, die künstlerisch bewußtes Spiel in den Mittelpunkt der Selbst- und Wirklichkeitsgestaltung rückt und somit den sprachlichen Vorgang bestimmt und als Bedeutungsträger strukturbestimmend ist. Wir konnten jedoch bei der Analyse des Walther-Liedes (W 112, 35: Frowe, vernemt dur got von mir diz maere, siehe oben S. 17ff.) feststellen, wie diese Trennung im Strukturprinzip gegenseitiger Entsprechungen neutralisiert wird, also kein Sprache konstituierendes Element ist. In Reinmars Botenlied (MF 178, 1) greifen wir das Problem von *persona* und Sänger noch einmal auf, und zwar als Orientierung zur Fragestellung, die in den Kapiteln *Minne und Gesellschaft* und *Minne und Kunst* behandelt werden soll: das Verhältnis des Minnesangs als Kult zu real-gesellschaftlichen Antinomien und zur Verselbständigung künstlerischer Mittel. Hier soll lediglich der Verweis genügen, daß die »Vorgänge« im Botenlied auf ein reich ausgestaltetes System von gegenseitigen sprachlichen Entsprechungen aufgebaut sind. Jedoch treten im Botenlied die künstlerischen Mittel und ihre Sichtbarmachung immer mehr in den Mittelpunkt. Diese Tendenz zur Verselbständigung der künstlerischen Mittel (dazu gehört auch die ausgeprägte Ich-Bezogenheit in Reinmars Liedern als komplementäre Erscheinung) stört die integrative Funktion der Sprache.

Weiterhin: die Verselbständigung der künstlerischen Mittel läßt auch die Annahme zu, daß der Manipulator dieser Mittel eine eigenständige Position entwickeln kann, von der aus jedenfalls die Voraussetzung geschaffen ist, real-gesellschaftliche Antinomien zu durchschauen, und zwar als Erkenntnis und Bewußtsein der Wirklichkeit als Zusammensetzung von »Teilen«. Diese Fragestellung läßt sich jedoch innerhalb des hier gesteckten Rahmens vom Minnesang als Kult nicht lösen.

Zusammenfassung:

Im Minnesang als Kult erweist sich die *relatio*-Funktion in den sprachlichen Vollzugsformen als wesentliches Strukturelement. Diese *relatio*-Funktion wird im Aufbau der dargebotenen Wirklichkeitsgestaltung sichtbar. Es handelt sich bei dieser Wirklichkeit um eine normensetzende Idealität. Die Minnelyrik, in der das Prinzip der *relatio* Grundlage zur ideellen Gestaltungs- und Darstellungsweise ist, hat nichts zu tun mit der symbolischen Darstellung konkret-gegebener Lebenserfahrungen. Diese Minnelyrik strebt weg von der Spaltung zwischen konkreten Erfahrungen und ihrer symbolischen Überhöhung. Es kann also in dem Minnesang als Kult kaum von einer Sublimation triebhafter, persönlicher Gefühle gesprochen werden. Es handelt sich vielmehr um einen Versuch, innerhalb des sprachlichen Vollzugs eine Einheit zwischen den ideellen Werten und den gesellschaftlich-höfischen Forderungen einerseits und den persönlichen Trieben andererseits darzustellen. Diese Einheit wird nicht in einem geistigen Akt der Sublimation erreicht, sondern vielmehr in der Unmittelbarkeit des sprachlichen Vollzugs, im gesellschaftlichen Vortrag.

Es ist im Minnesang als Kult weder die Abstraktion des Subjektiven noch die Autonomie eines transzendentalen Bezugsrahmens von Normen gegeben. Die Unmittelbarkeit des Vortrags, die anspruchsvolle Setzung von Wirklichkeit und Idealität durch Sprache, die Dynamik der begrifflichen Bezüge sind als Gegensatz Strukturkomponente (Prinzip der Komplementarität) des gegebenen Formalismus (gattungsbedingte Kompositionsmuster, Rhythmus, feststehender Formelschatz und verbindlicher Liedvorlagen). Es wäre von dieser Sicht aus interessant, jenseits des Denkmodells Persönlichkeit–Form (Schöpfertum–

Tradition) den Möglichkeiten und Grenzen des Menschen als geschichtlich bedingte Erscheinung nachzugehen.

»Wirklichkeit« jedoch, als sprachimmanenter Vorgang erfaßt, ist nur in einer aristokratischen Schicht möglich gewesen, die versuchte, ihre eigenen Werte und Lebensformen zu setzen. Die gesellschaftlichen Widersprüche (dazu gehört der Aufstieg der Städte und der aufblühende Handel und die Vorstellung von Bezug als Beziehung) und der religiöse Bezugsrahmen (dazu gehört auch die reale Macht der Kirche und die Vorstellung von Bezug als Bezogensein) sind damit keineswegs überwunden, sondern nur umgangen.

Kapitel II

Minne und Gesellschaft

Wir haben in dem vorausgegangenen Kapitel versucht, der ideellen Wirklichkeitsgestaltung im sprachlichen Vollzug des Minneliedes näher zu kommen. Wir haben dabei festgestellt, daß sich der Inhalt erst aus dem polaren Bezug von Darstellungsmomenten ergibt. Eine strukturelle Analyse einiger zentraler Bilder und Begriffe hat uns gezeigt, wie der Bezug innerhalb einer Strophe zu verstehen ist: ein Darstellungsmoment hat kein Eigengewicht, sondern erhält erst seine Bedeutung aus der Funktion im sprachlichen Vorgang, die wir als *relatio*-Funktion bezeichneten. In der *relatio*-Funktion haben wir den konstitutiven Kern der ideellen Wirklichkeits- und Persönlichkeitsgestaltung im Minnelied isoliert. Ein Darstellungsmoment, der auf diese Weise minnedialektisch verarbeitet wird, ist der Zuhörerkreis und darüber hinaus »höfische Gesellschaft« im allgemeinen. Die Liedsituation bestimmt jeweils, ob der unmittelbar als anwesend gedachte Zuhörerkreis oder »höfische Gesellschaft« als allgemeiner Kontext vorhanden ist. In diesem Kapitel wollen wir der Frage nachgehen, inwieweit die gesellschaftliche Realität sich in der dynamischen Struktur sprachlicher Vorgänge erfassen läßt. Wir wollen dabei das Problem nicht durch das Postulat Innenperspektive/Außenperspektive umgehen. Es geht also um die Kohäsion der strukturanalytischen Methode und ihre Flexibilität. Jauß stellt dazu fest: »Der literarische Strukturalismus fragt nicht danach – so wenig wie vor ihm die marxistische und die formalistische Literaturwissenschaft –, wie die Literatur die Vorstellung von Gesellschaft, die ihre Voraussetzung ist, (...) selbst wiederum mitprägt und im Prozeßcharakter der Geschichte mitgeprägt hat« (H. R. Jauß, *Literaturgeschichte als Provokation*, S. 200, in einem Verweis auf G. Hess, *Das Bild der Gesellschaft in der französischen Literatur*, 1954). Er bezichtigt also die strukturalistische Sprach- und Literaturwissenschaft eines ahistorischen Reduktionismus, bei dem letztlich für die Literatur nur »archaische, im literarischen Mythus verkleidete anthropologische Konstanten« (*loc. cit.*) sichtbar gemacht werden. Es läßt sich jedoch auf differenzierte Weise die Struktur der Minnesprache zur gesellschaftlichen Realität bestimmen. In diesem Kapitel soll dieses Verhältnis an Hand einiger paradigmatischen Strophen und Lieder aufgezeigt werden, als Beitrag zu dem noch ungelösten Problem von Geschichte und Struktur.

Wir legen hier weniger Gewicht auf die von der modernen Psychologie abgeleiteten Problemstellung subjektiver Triebhaftigkeit einerseits und ethische Gesellschaftsforderungen andererseits. Wir wollen vielmehr von der Sprachfunktion her bestimmen, wie weit es möglich war, Konfliktsituationen zu neutralisieren. Es wird sich dabei zeigen, wo die Vermittlungsfunktion der Minnesprache und ihrer Struktur zusammenbricht.

Das Strukturprinzip der *relatio* ermöglicht die Neutralisierung der sozialen Wirklichkeit im sprachlichen Vollzug des Minneliedes. Hierdurch wird die Voraussetzung geschaffen für die Verarbeitung gesellschaftlicher Momente innerhalb der fiktiven Minnedialektik. So wird zum Beispiel gerade das Motiv der *huote* zum spannungsbildenden Pol, dem die *tougen minne* gegenübergestellt wird. Es geht dabei weniger um die Auseinandersetzung zwischen menschlichen Trieben und gesellschaftlichen Forderungen, als um die spielhafte Variation, die sich in der Spannung *huote-tougen minne* verwirklichen läßt. Die Konfliktsituation wird neutralisiert dadurch, daß die Trennung von privater Sphäre und öffentlichem Leben überspielt wird oder besser: noch nicht bewußt reflektiert wird. Das Liebesgeheimnis manifestiert sich im Liedvollzug, ja das Liebesgeheimnis wird erst beinhaltet durch die fiktive Spannung zwischen Mitteilung und Darstellung, zwischen Schweigen und Singen (s. unten, S. 93f.). Die Strophe aus Berngers Lied »Si frâgent mich war mir sî komen« (*MF* 115, 11–18) zur Veranschaulichung:

Kund ich in klagen mîn herzeleit
gelîche als ez mir nâhe gât,
sô wolde ich sagen ûf mînen eit
daz nieman groezern kumber hât
noch niene wart sô trûric man.

daz verswîge ich als ich wole kan
und klage ez den gedanken mîn;
die lâze ich mit unmüezic sîn.

Das Faktum der sozialen Wirklichkeit wird hier nicht sichtbar. Schon die einleitende Satzperiode: »Kund ich in klagen ... sô wolde ich sagen«, evoziert das Gegenteil dessen, was in der Aussage selbst beinhaltet ist. Der Sänger sagt, wenn er klagen könnte, dann würde er darüber singen wollen, was ihn beschwert. Die Aussage führt zum Gegenteil dessen, was sie augenscheinlich bezweckt: ich kann meine Klage nicht im Singen darstellen. Es ist nun gerade die Spannung zwischen dem Schweigenmüssen und dem Singenkönnen, die die Struktur dieser Strophe bestimmt; ja beide Pole erhalten erst Wirklichkeit und Aussagekraft, indem sie sich im gegenseitigen Bezug konstituieren, in gesteigerter Form dann weiter ausgeführt:

daz verswîge ich als ich wole kan
und klage ez den gedanken mîn;

Er enthüllt hier durch die Aussage gerade das, was er vorgibt, zu verschweigen. Verschwiegenheit und Preisgabe gestalten sich im Vollzug des Liedes. Die *relatio*-Funktion nimmt die gesellschaftliche Dimension in sich auf und gestaltet sie als Teil der fiktiven Minnedialektik. Andererseits erhält die Privatsphäre erst Wirklichkeit, indem die »Gedanken« im Lied manifestiert werden. Hier zeigt sich deutlich, daß über den Gegensätzen subjektiver Triebhaftigkeit und gesellschaftlicher Forderung das Minnepostulat einer sich selbst gestaltenden Einheit der Gegensätze steht.

Darüber hinaus gibt es in Formeln fixierte, tradierte Gesellschaftsverweise, in denen eine dem Sänger eigene, ethische Einstellung den gesellschaftlichen Gegebenheiten gegenübersteht. So klingt etwa in der Formel »als ich gedenke wes man pflac« (Walther 120, 8) das Motiv des Goldenen Zeitalters an, das der unmittelbaren gesellschaftlichen Gegenwart entgegengesetzt wird. »Diu welt ist unstaete« (*MF* 88, 30 bei Albrecht von Johansdorf) stellt das religiöse Motiv der Vergänglichkeit in den Mittelpunkt. Auch vom Religiösen her bestimmt ist der Verweis Heinrichs von Veldeke: Bôse seden werden alt (*MF* 61, 7).

In diesen formelhaften Gesellschaftsverweisen wird die höfische Gesellschaft nicht in Frage gestellt, sondern bejaht, denn bei diesen Formeln spielt deutlich der Gedanke mit, daß die Möglichkeit einer

Verbesserung der Sitten, eine Stilisierung des Lebens in aesthetischer und ethischer Hinsicht gerade innerhalb des magischen Kreises höfischer Menschen gegeben ist. So schlägt die scheinbare Negation der Gesellschaft in die Affirmation ethischer Selbstgestaltung um, die die *edelen herzen* für sich beanspruchen können. Erst beim späten Walther bricht der Gegensatz von gesellschaftlicher Realität und religiöser Forderung auf.

Diese Gesellschaftsverweise sind allgemein gehalten und bieten keine Ansatzpunkte spezifischer Gesellschaftskritik:

Ich hân der werlte ir reht getân
ie nâch der mâze als ez mir stuont. (*MF* 105, 33–4)

»Welt« (siehe etwa auch »schoenez bilde« beim späten Walther) wird so zu einer entleerten Indiz, das einerseits religiöser Abwertung des Diesseitigen dienen kann und das andererseits sich als Teil minnedialektischer Spannungen verwenden läßt. Dieser Zeile folgt zunächst eine *revocatio*:

der volge ich noch ûf guoten wân,
alsam die tôren alle tuont. (MF 105, 35–36)

Hier scheint es sich nun wirklich um einen gesellschaftskritischen Verweis zu handeln. Verfolgen wir jedoch den Ablauf des Liedes bis zur Schlußzeile, so stellt sich heraus, daß die gesellschaftliche Auseinandersetzung nicht durchgängig ist, sondern erst im Bezug zu den Schlußzeilen des Liedes als Gegenpol zur Minneaffirmation seine Bedeutung erhält:

des fröit sich herze und al der lîp
ûf alsô minneclîchen trôst.
jô meine ich nieman wan ein wîp. (MF 106, 12–14)

Gesellschaftsverweis und Minneaffirmation ergeben sich aus der Spannung zwischen *wân* und *trôst*, aus der heraus die Selbstdarstellung des Sängers verständlich wird. Er folgt der Welt »ûf guoten wân«, so daß er dem *wîp* »ûf alsô minneclîchen trôst« folgen kann. Wir stellen zunächst fest, daß der Gesellschaftsverweis nicht aus sich heraus verständlich ist. Er trägt kein in sich geschlossenes Bezugssystem, aus dem heraus sich nun eine Haltung des Sängers gegenüber der Gesellchaft vielseitig entwickeln ließe. Der Gesellschaftsverweis bleibt offen und allgemein, bis dann am Schluß des Liedes seine eigentliche Funktion im Minneprozeß sichtbar wird. Hier zeigt sich ganz deutlich, daß die logische

Kette im sprachlichen Nacheinander der Aussagen sekundär bleibt, zugunsten der polaren Spannung zwischen *wân* und *trôst*, zwischen Gesellschaftsverweis und Minneaffirmation. Die Frage kann heute leider nicht mehr beantwortet werden, inwieweit in einem eingeweihten höfischen Zuhörerkreis, die Erwartung der Minneaffirmation schon im negativen Gesellschaftsverweis am Anfang der zweiten Strophe (der volge ich noch ûf guoten wân) antizipiert ist. Es ist jedoch nicht anzunehmen, daß die Verbindung zwischen negativem Gesellschaftsverweis am Anfang der zweiten Strophe und die Minneaffirmation am Ende dieses Liedes erst durch eine reflektive Gedankenverknüpfung hergestellt wurde. Diese Gesellschaftsverweise als Darstellungseinheiten sind nicht vom Inhalt her zu erfassen, sondern im Bezugszusammenhang. Sie sind inhaltlich gesehen Aussagefragmente, die in immer neuen Bezügen Minnedialektik erzeugen. Vom Inhalt her zeigen diese Aussagefragmente einen hohen Grad an Variationsmöglichkeiten. Von der Funktion her sind sie jedoch streng an die Struktur minnedialektischer Wirklichkeitsgestaltung gebunden.

Die *relatio*-Funktion bildet nicht nur den konstitutiven Kern des minnesängerischen Sprachvollzugs, sondern sie läßt sich auch als Grundzug des Liedvortrags begreifen. So wird Reinmars

> daz ich unze an mînen tôt si niemer mê gelobe
> (MF 162, 29)

nur dann verständlich, wenn wir uns darüber im klaren sind, daß Reinmar ja im Moment des Vortragens doch ihr Lob besingt. Hier bildet also der Inhalt der Aussage (die Herrin nicht mehr loben zu wollen) und der unmittelbare Vortrag als Manifestation seiner Liebe zu ihr kein Paradox, sondern eben jene »minnedialektische Spannung«, die dem Lied seinen Reiz und seine Bedeutung gibt (siehe unten, S. 93f.). So ist es auch zu verstehen, daß bei Reinmar dem Alten in inmmer neuen Variationen die *relatio*-Funktion als Grundzug des Liedvortrags sichtbar wird. Hierin liegt nun gerade die Spannung in vielen seiner Lieder:

> Sô vil sô ich gesanc nie man,
> der anders niht enhaete wan den blôzen wân.
> daz ich nu niht mêre enkan,
> desn wunder nieman: mir hât zwîvel, den ich hân,
> al daz ich kunde gar benomen. (MF 156, 27–31)

Das Nicht-mehr-singen-Können erhält erst als Gegenpol zur unmittelbar vorgetragenen schillernden Klage im Singen seine eigentliche Bedeutung. So ergeben sich die Pole (Schweigen-Müssen/Singen-Können) erst aus der gegenseitigen Bedingtheit. Er singt in einem anderen Lied:

swaz mir diu werlt ze leide tuot,
daz belîbet ungeklaget (MF 152, 10–11),

nachdem er seine Klage manifestiert hatte. Wir kommen diesen Liedern nicht näher, wenn wir sie vom Standpunkte ihres fiktiven Charakters begreifen wollen, denn der Begriff der Fiktion übersieht die Verquikkung von mimetischer und normativer Funktion im Sprachvollzug. Wir müssen also einen Wirklichkeitsbereich postulieren, der sozusagen zwischen den konkreten Gegebenheiten liegt, zunächst als inhaltslose Dynamik des Bezugs zwischen dem Sänger, der Gesellschaft, seinem Ideal und seiner Aussage:

seht, des belîbe ich fröidelôs,
und wirt an mînen ougen schîn. (MF 35, 11–12)

Wie ist der Sänger als *fröidelôs* zu verstehen? Es geht nicht darum, daß der Aussage das *Fröidelôs*-Sein vorausgeht, das nun durch das Instrument der Sprache gestaltet wird. Die Zeilen sind vielmehr so zu verstehen, daß der Aufforderung an die Zuhörer zu schauen (*seht*) nun das zugeordnet wird, was durch den *ougen schîn* möglich wird, nämlich der Sänger als *fröidelôs*. Als weiteres Beispiel dazu auch Walther:

ganzer fröide hâst dû niht
sô man die werdekeit von wîbe an dir niht siht.
(W 91, 21–22)

Auch hier liegt der Nachdruck auf der Manifestation der *werdekeit*. Sie bedeutet erst etwas, indem sie am Sänger sichtbar wird. *Fröidelôs* (Zustand des Sängers bei Dietmar) und *werdekeit* (ethisches Attribut des Sängers bei Walther) sind Sprachvorgänge, aus denen heraus Sänger und Gesellschaft erst beinhaltet werden. Wir können somit zusammenfassen: Eine Analyse des Minnesangs in seiner Beziehung zur sozialen Realität muß sich mit der kultischen Sprachfunktion im Minnesang auseinandersetzen, damit eine Unterscheidung möglich ist zwischen »minnedialektischen« Spiegelungen und Kontrasten einerseits und gesellschaftlich-realen, durch Sprache erfaßbare und darstellbare Konfliktsituationen andererseits. Der Begriff der Fiktion ist dabei undienlich, weil von vorneherein eine Unterscheidung zwischen Realität und Uneigentlichkeit gemacht wird. Psychologische Kriterien helfen auch nicht weiter, weil durch sie vordergründige Sprachgestaltung von hintergründigen psychischen Momenten getrennt wird. Zusammenbruch der kultischen Vollzugsformen ist Voraussetzung für die Reflexion gesellschaftlich-realer Konflikte in der Sprache. Wir setzen bei einem Beispiel an, durch das wir dem Problem von Minnedialektik und gesellschaftlicher Realität näher kommen: der sprachliche Vorgang des *Erkiesens* der Herrin hat normativen Charakter, weil eben das sprachliche Zeichen nicht von der Sache getrennt werden kann. Es wird keine Herrin ausgewählt und diese Wahl in der Sprache beschrieben. Es ist der sprachliche Vorgang des *Erkiesens* selbst, der im Mittelpunkt steht. Zugleich aber drücken sich in der Wahl und in der Verwahrung gegenüber der Totalität der gesellschaftlichen Wirklichkeit auch die Werte der höfischen Gesellschaft aus, für die das *Erkiesen* nicht nur minnesängerischer Gestaltungsweise, sondern auch allgemein verbindliche Lebensform ist. Der Vorgang des minnesängerischen *Erkiesens* entspricht somit der exklusiven gesellschaftlichen Wirklichkeit der Höfe. *Erkiesen* hat also eine integrative Funktion. Seine kultische Funktion bricht jedoch an dem Punkt zusammen, wo *Erkiesen* als Vorgang aus dem integrierenden Rahmen herausgenommen wird. Ein Beispiel von Walther soll verdeutlichen, was hier gemeint ist:

ich setze ir minneclîchen lîp
vil werde in mînen hôhen sanc (W 53, 27–28)

In diesem Lied (W 53, 25: Si wunderwol gemachet wîp) wird die Überhöhung der Herrin bewußt reflektiert:

mach ich si mir ze hêr,
vil lîhte wirt mîns mundes lop mîns herzen sêr.
(W 54, 5–6)

In der Sichtbarmachung der sprachlichen Mittel liegt der konstituive Kern dieses Liedes (cf. Kapitel: Minne und Kunst). Hiermit wird der Prozeß des *Erkiesens* objektiviert. Er macht die ironische Distanz des Sängers möglich. Die integrative Funktion von *Erkiesen* setzt also aus. Die Sprache wird zum *Instrumentum*, durch das nun verschiedene Seinsbereiche beschrieben werden können. Der Minnesang als Kult ist in Frage gestellt. In Walthers »Ir sult sprechen willekomen« (W 56,

14) wird die integrative Funktion von *Erkiesen* ersetzt durch eine Wahl der *frowe* auf Grund bestimmbarer gesellschaftlicher Kriterien. Beim »tiuschiu zuht gât vor in allen« (W 56, 37) geht es keineswegs mehr um den normativen Charakter der Sprachgestaltung, sondern Sprache beschreibt eine gesellschaftliche Situation.

Ehe wir nun das Problem der Minnedialektik und gesellschaftlich-realer Wirklichkeit weiter verfolgen, wollen wir zunächst zwei Stellen im Minnesang besprechen, in denen die Affirmation einer ideellen Wirklichkeit im Aufbau der sprachlichen Bezüge angezweifelt wird. Es sind Stellen, die sich nicht als Funktion minnedialektischer Spannung erklären lassen.

Hartmann von Aue wirft den Minnesängern vor, daß sie nicht mehr unterscheiden können zwischen Worten und Werken:

> wâ sint diu werc? die rede hoere ich wol
> (MF 218, 14)

Hier gilt die Einheit von *Nennen* und *Erkennen* bei Reinmar nicht mehr. Interessant dabei ist, daß Hartmann diese Abwertung der in der Sprache immanenten minnesängerischen Wirklichkeit nur von der Sicherheit eines religiösen Bekenntnisses aus vornimmt:

> Ich var mit iuwern hulden, herren unde mâge
> (MF 218, 5)

Die *rede* hat für Hartmann keinen normativen Wert mehr. Sie führt zur Selbstillusion:

> Ir minnesinger, iu muoz ofte misselingen:
> daz iu den schaden tuot daz ist der wân.
> (MF 218, 21–22)

Die Funktion von *wân* ist hier eine ganz andere als in der minnedialektischen Spannung von *wân-trôst*. *Wân* in diesem Lied Hartmanns hat eine rein beschreibende Funktion und ist als sprachliches Zeichen auf eine bestimmte Situation hin ausgerichtet: die Illusionen der Minnesänger. Deshalb läßt sich aus dem *wân* bei Hartmann keine bestimmbare Reihe von Darstellungsmomenten aufbauen, die dann im Gegenpol von *trôst* eine minnedialektische Spannung sichtbar macht. Die Trennung von Sprache und Sache wird von Hartmann also nicht nur inhaltlich deutlich ausgesprochen, sie läßt sich auch ableiten von der Funktion der Sprache selbst: *wân* hat hier keine polaren, sprachimmanenten Entsprechungen, sondern weist über sich hinaus auf den

Zustand der Illusion hin, wie sie Hartmann bei den Minnesängern zu finden glaubt. Die in diesem Lied ausgesprochene religiöse Intention Hartmanns macht eine Konfliktsituation deutlich, die sprachlich nicht mehr neutralisiert werden kann. (Es bedarf nun keiner näheren Ausführung, daß nicht jeder Verweis auf den illusorischen Charakter der Minne schon in die Nähe der Hartmannschen Absage gerückt werden muß. Es ist in jedem Falle zu untersuchen, welche Sprachbezüge sich aus einem solchen Verweis im Lied ergeben. Es wird sich dabei zeigen, daß »die Minne als Illusion« weiterhin vor allem eine Funktion innerhalb minnedialektischer Spannungen einnimmt.)

Hartmanns Trennung von *rede* und *werc* bezieht sich spezifisch auf die kultische Funktion der Minnesprache und stellt sie in Frage. Nur bei Walther ist der Ansatz dazu gemacht, die Minnesprache und ihre kultischen Vollzugsformen durch die Erkenntnis eines »individualisierten« Stellenwertes innerhalb des gesellschaftlichen Gefüges abzuwerten. Auch bei ihm aber führt letzten Endes der Weg zurück zur Selbstversicherung im religiösen Bezugsrahmen, besonders in seiner großen Elegie. Während nun Hartmann auf die außerhalb des minnesängerischen Sprachvollzugs bestehenden Wirkungen (*werc*) abzielt, ist bei Reinmar dem Alten, in seinem Lied MF 181, 13: »Des tages dô ich daz kriuze nam«, die Unverbindlichkeit angedeutet, die durch die offene Gestaltung einer ideellen Wirklichkeit im Sprachvollzug möglich wird:

Gedanken wil ich niemer gar
verbieten (dês ir eigen lant)
in erlóube in eteswenne dar
und aber wider sâ zehant. (*MF* 181 33–36)

Die unverbindliche Freiheit im gedanklichen Spiel, um die es hier geht, zerstört die Balance zwischen minnesängerischer Evotion und Erkenntnis gegebener Werte, zwischen dem *Nennen* und *Erkennen* Reinmarscher Wirklichkeitsgestaltung. Hier liegt auch eine der Erklärungen für den spätmittelalterlichen Formalismus der Minnelyrik: je deutlicher die spielerischen Kombinationsmöglichkeiten werden, um so stärker tritt als Kohäsionsprinzip der Formalismus in Erscheinung. Er ist gerade die mit letzter Konsequenz von Reinmar verfolgte Entsprechung von Dichterpersönlichkeit und gesellschaftlichen, ethischen und aesthetischen Normen, die den kultischen Sprachvollzug fragwürdig macht.

Die extreme Ich-Bezogenheit Reinmars (im 63 Zeilen langen Lied *MF* 179, 3–181, 9 stehen 45 Selbstbezüge; ich: 23, mir: 13, mich: 7, mîn herze: 1, mîner ougen: 1) und seine vollständige Identifikation mit den gesellschaftlichen Werten und Normen bilden keinen Widerspruch, sondern sind durchaus als minnedialektische Spannung, als kultischer Sprachvollzug zu verstehen; ja dieser ist bei Reinmar am konsequentesten durchgeführt. Doch ergibt sich bei Reinmar dadurch fast ein Automatismus in seinen Entsprechungen von Ich und Gesellschaft. Somit wird eine neue Struktur möglich, in der formalistischer Sprachkult und die Beschreibung naturalistischer Momente als Pole sichtbar werden.

Es geht in den Stellen bei Hartmann von Aue und Reinmar dem Alten um die Eigengesetzlichkeit des minnesängerischen Sprachvollzugs, bei Reinmar als unverbindliches Spiel, bei Hartmann als Illusion gegenüber einer vom Religiösen her erfaßbaren Erlebnissphäre. In beiden Stellen ist eine Trennung von Sache und Wort angedeutet, und damit ist die normative und mimetische Doppelfunktion der Minnesprache außer Kraft gesetzt.

Die minnesängerische Selbst- und Wirklichkeitsgestaltung setzt, wie wir gesehen haben, eine strukturell erfaßbare Form des Sprachvollzugs voraus. Wir definierten diese Form als *relatio*-Funktion der Minnesprache. Sie ist erfaßbar in den polaren Spannungen von Gegensätzen, durch die nicht nur eine geistig-geistliche Affirmation möglich wird, sondern durch die, bis zu einem gewissen Grade, auch gesellschaftliche Konfliktsituationen überspielt und neutralisiert werden können. Die mimetische und normative Funktion dieser Sprache bestimmt den Glauben und die Zweifel des Minnesängers. Die Einheit von Wort und Sache ermöglicht Erkennen und Konstruieren der Minnewirklichkeit. Im unmittelbaren Sprachvollzug wird der Konflikt zwischen individueller Triebhaftigkeit und allgemeiner gesellschaftlicher Forderung, zwischen eigener, dichterischer Projektion und Spiegelung allgemein gültiger Werte und Normen nicht sichtbar. Keine Stelle in der deutschen Literatur des Mittelalters verdeutlicht die Sprachkrise (als Trennung von Wort und Sache) mehr als die berühmte Verwirrung Tristans in der Isolde Weißhandepisode im *Tristan* von Gottfried von Straßburg. Es ist jene Stelle, in der der Namen »Isolde« zur tiefsten Klage des aus dem Minneparadies ausgestoßenen, im Exil weilenden Tristan führt:

Isot was sin liep und sin leit,
ja Isot, sin beworrenheit,
diu tet im wol, diu tet im we:
so ime Isot sin herze ie me
in dem namen Isote brach,
so er Isote ie gerner sach.
Vil dicke sprach er wider sich:
'a de benie, wie bin ich
von disem namen verirret!
er irret unde wirret
die warheit und daz lougen
miner sinne und miner ougen.
er birt mir wunderliche not:
mir lachet unde spilt Isot
in minen oren alle vrist
und enweiz iedoch, wa Isot ist:
min ouge, daz Isote siht,
daz selbe ensiht Isote niht:
mirst Isot verre und ist mir bi:
ich vürhte, ich aber gisotet si
zem anderen male.
Ich waene, uz Curnewale
ist worden Arundele,
Karke uz Tintajele
und Isot uz Isote.
mich dunket ie genote,
als ieman iht von dirre maget
in Isote namen saget,
daz ich Isote vunden habe.
hie bin ouch ich verirret abe.
wie wunderliche ist mir geschehen:
daz ich Isote müeze sehen,
des gere ich nu vil lange vrist;
nu bin ich komen, da Isot ist,
und enbin Isote niender bi,
swie nahen ich Isote si.
Isote sihe ich alle tage
und sihe ir niht: daz ist min clage.

(18987–19024: ed. F. Ranke, Berlin, 1958)

Ehe wir nun diese Stelle im *Tristan* Gottfrieds von Straßburg als Darstellung einer Sprachkrise betrachten, müssen wir den Zusammenhang von Sprache und dargestellter Wirklichkeit noch etwas näher bestimmen. Bei Gottfried von Straßburg vereinigen sich die kultischen Vollzugsformen der Minne – Immanenz der Wirklichkeit in der Sprache – mit seinem von der klassischen Rhetorik her geschulten Sinn für die Verbindlichkeit literarischer Form und tradierter Darstellungsformeln.

Für Gottfried von Straßburg sind Minne und Kunst unzertrennbar miteinander verbunden. Nur für die Minne und die Kunst verwendet er die höchsten Attribute: »luter« und »reine« (4628) und »cristallin« 16983). Hartmanns Kunst – mehr als dessen höfische oder religiöse Einstellung – ist für Gottfried verbindlich:

> wie luter und wie reine
> siniu cristallinen wortelin
> beidiu sint und iemer müezen sin! (4628–4630)

Nur noch der Minne kommen diese höchsten Attribute zu:

> diu minne sol ouch cristallin,
> durchsihtic und durchluter sin (16983–16984)

Ganz abgesehen aber von dieser bewußten Bezugsetzung der zwei Grundwerte, Minne und Kunst, finden wir in seinem Werk eine Identität von sprachlicher Kontraststruktur und der Polarität als wesentlicher Zug der Minne. Damit schafft er sich, wie schon angedeutet, erst einmal die Voraussetzungen, die irrationalen Momente, die Liebesmagie, seinem Vorbild Thomas gemäß, umzudeuten. Es ist der *modus* der sprachlichen Formulierungen, durch den die undurchdringliche Magie des alten Liebesgeschehens verschleiert wird. Auch der zentrale Moment des Minnetranktrinkens bleibt eingebettet in der höfischen Sitte und Geste, die Tristan Isolde zuerst trinken lassen.

So bestimmt also die Sprachform die Rolle, die Tristan und Isolde spielen, um es etwas überspitzt zu sagen. Darüber hinaus sind Sprachform und das »Wesen der Minne« in Gottfrieds Werk auf besondere Weise miteinander verbunden. Zum Beispiel, die spielmännische Verkleidung *Tristan* als Tantris ist nicht einfach die sprachliche Entsprechung einer Handlung, sondern Tandris ist als Sprachform, was der Held als Handlung vollzieht: er ist verkleidet. Der Held ist das, was er manifestiert, nicht nur in seinen Handlungen, sondern auch in seinem Namen. Handlung, Namen, »Persönlichkeiten« sind Variationen zum Grundthema Verkleidung, oder besser: sie sind verschiedene Fixierungen desselben Vorgangs. Das wissen wir schon von seiner Namensgebung her:

diz maere, der daz ie gelas,
der erkennet sich wol, daz der nam
dem lebene was gehellesam:
er was reht alse er hiez ein man
und hiez reht alse er was: Tristan. (2018–2022)

Sprache, Handlung und Persönlichkeit entsprechen sich auf eigene Weise in diesem Werk: je mehr sich Gottfried von Straßburg auf die Minne und die polare Spannung konzentriert, desto mehr treten naturgemäß das Nacheinander und die Zufälligkeiten des *Aventiure*-Geschehens zurück. Die Statik der polaren Spannung tritt an die Stelle der *aventiure*.

Die intensive Konzentration der sprachlichen Formel Tristan–Isolt–Isolt–Tristan entspricht dem alles sich unterordnenden Prozeß der Minne, die nun wiederum aus der Gegensatzstruktur sprachlicher Vorgänge aufgebaut ist. Auch der Aufbau des ganzen Werkes zeigt, daß das Minneerlebnis von Tristan und Isolde konstruiert ist durch die Zuordnung einander entgegengesetzter Momente von Glück und Leid. Die Gartenszene etwa, in der die Liebenden wie »ein dinc an underscheide« zusammengefügt sind, trägt gerade durch die Zugänglichkeit der Szene für die *merkaere* und für Mark–Garten, helle Mittagssonne – die Notwendigkeit der Trennung in sich. So kommt es auch, daß in der scheinbaren Intimsphäre der Minnegrotte die Sehnsucht nach dem Hofe mitklingt: Brangaene hatte schon beim Abschied vom Hofe den Auftrag erhalten, für die Liebenden den Weg zurück möglich zu machen. Bei Gottfried also manifestiert sich im Zusammenfügen der Liebenden und ihrer Trennung das Wesen der Minne als polare Spannung, außerhalb derer es keine Wirklichkeit gibt. Das Werk jedoch ergibt kein einheitliches Bild. Einerseits verweist die Sprache auf ein transzendentales Wertsystem (oder einfach auf den hinter dem Werk stehenden *sens*), andererseits aber gibt es Beispiele, in denen der Sprachvollzug als polare Spannung autonom wird.

Es ist der mittelalterliche religiöse Mensch Gottfried, der die letzten Konsequenzen einer »Liebesautomatik« nicht durchschauen kann. Es ist der Kenner der klassischen Rhetorik, der die Autonomie der Sprachprozesse durch formalistische Gestaltungsprinzipien unterbindet. Die sinnbildliche Deutung (in der Doppelschichtigkeit des Begriffes *êre*) geht über die Minne als Vollzug polarer Spannungen hinaus. Damit soll jedoch Gottfrieds Versuch nicht unterschätzt werden, die Immanenz der Minne im sprachlichen Vorgang zu manifestieren. Minne und Kunst sind, wie wir schon festgestellt haben, einander bedingende Werte.

Wie sehr nun auch Gottfried von Straßburg in der sinnbildlichen Deutung seines Werkes religiös bezogen ist, wie sehr auch der Ansatz zur Sprachautomatik an formalistische Gestaltungsprinzipien gebunden bleibt, so können wir doch in der Isolde Weißhand-Episode von einer Sprachkrise sprechen. In dieser Stelle geht es um die Trennung des Wortes von der Sache. Tristans Verwirrung hat ihren Ursprung in seiner Identifizierung von Wort und Sache. Nun zeigt sich, daß hinter dem Namen eine Wirklichkeit steht, die unlösbare Konflikte enthält: es gibt zwei Isolden. Eine ist bei ihm, die andere weilt fern von ihm. Es ist Tristans Glaube an die Identität von Sache und Wort, die immer wieder zur Ernüchterung führt, daß die Wirklichkeit dem Glauben nicht entspricht. Somit bauen die spiegelbildlichen sprachlichen Entsprechungen keine Affirmation einer ideellen Wirklichkeit auf, sondern sie fallen immer wieder in dem Namen Isolde und der diesem Namen anhaftenden Zweideutigkeit zusammen. Je mehr auf die Identität der Namen verwiesen wird, um so deutlicher wird der Widerspruch, daß der Name sich auf zwei verschiedene Personen bezieht. Der Name Isolde verliert seinen bestimmten Stellenwert in den spiegelbildlichen Entsprechungen (Tristan-Isolt/Isolt-Tristan) und er verliert damit auch seine Funktion in der minnedialektischen Spannung, durch die die Pole ›Tristan-Isolde‹ aufgebaut werden. Der Name Isolde erschließt keine in der Sprache manifestierte Wirklichkeit mehr. Die Trennung von *rede* und *werc*, durch die Hartmann von Aue die Minnesänger abwertet, erscheint bei Gottfried als *warheit* und *lougen*. Der Name Isolde führt zur Illusion, zur Verwirrung.

Die Trennung von Wort und Sache, *rede* und *werc*, *warheit* und *lougen* zerstört zunächst die minnedialektische Funktion der Sprache, durch die der Minnesänger seine ideelle Wirklichkeit aufbaute. Sie hebt auch die Funktion dieser Minnesprache als Neutralisierung von Gesellschaftskonflikten auf. Das Evozieren und Darstellen der Normen und Werte der Minne und der höfischen Gesellschaft ermöglichte es dem Minnesänger, gesellschaftliche Anerkennung an den Höfen um 1200 zu erlangen. Seine gesellschaftliche Rolle wurde nicht bestimmt von dem, was er repräsentierte, sondern durch das, was er in *wort* und *wîse* darstellen konnte. So verschafft ihm die Sprachimmanenz seiner Werte und Normen erst die Möglichkeit, überhaupt eine Rolle an den Höfen zu spielen. Der Aufbau der minnedialektischen Spannungen im Lied war nur möglich, indem die soziale Realität und die Wirklichkeitsdarstellung im Liede als konfliktlos gelten konnten. Der Minnesänger spiegelt sich in der höfischen Gesellschaft und die höfische Gesellschaft spiegelt sich in ihm. Bei Walther von der Vogelweide wird die nahtlose Entsprechung von gesellschaftlichen Normen und minnesängerischen Postulaten in Frage gestellt. Immer wieder versucht er, eine Brücke zu schlagen zwischen sozialer Realität und minnesängerischer Wirklichkeit. Eine Analyse des *fuoge*-Begriffs in seiner Lyrik macht das Problem zwischen Minnesang und Gesellschaft deutlich, und zwar nicht nur in dem, was wir als inhaltlich greifbare Auseinandersetzung mit dem Problem von Gesellschaft und Minne verstehen, sondern auch in der Sprachfunktion von *fuoge* selbst.

Wir haben im Verlaufe dieser Arbeit auf vier Funktionen der Begriffe im Minnesang verwiesen: 1) der Begriff und seine Funktion im minnedialektischen Sprachvollzug, wie etwa *trôst* bei Heinrich von Veldeke. In dieser Funktion ist der Begriff nicht als eine in sich verständliche Bedeutungseinheit zu verstehen, sondern der Begriff erhält seine Bedeutung erst durch die Bezugsmöglichkeiten polar konzipierter Minnewirklichkeit; 2) der Begriff in seiner Funktion als Verweis außerhalb des Sprachvollzugs, wie etwa *wân* bei Hartmann von Aue. Hier hat der Begriff vor allem eine beschreibende Funktion. Er ist, vereinfacht gesagt, Bezeichnung einer außerhalb des Sprachvollzugs fixierbaren Situation; 3) der Begriff in der Funktion sinnbildlicher Wirklichkeitsgestaltung (*êre* bei Gottfried von Straßburg). Hier bestimmt eine Doppelschichtigkeit die Struktur des Begriffs. Er verweist dabei auf die später besonders in der Mystik fixierte, verinnerlichte Definition der *êre*; 4) im Begriff der *fuoge* bei Walther von der Vogelweide läßt sich eine weitere Begriffsfunktion bestimmen. Wir haben es dabei mit einem Abstraktum zu tun, dessen Funktion es ist, eine Reihe von in sich geschlossenen Wirklichkeitsmomenten zu überspannen.

Eine scharfe Unterscheidung zwischen den vier postulierten Begriffsfunktionen ist wesentlich, wenn wir die Struktur minnesängerischer Selbst- und Wirklichkeitsgestaltung begreifen wollen. Vergleichen wir die vier Begriffsfunktionen miteinander, so können wir Einsicht in die verschiedenen Aufgliederungen von Wirklichkeit–Sprache gewinnen. Im ersten Falle ist die evozierte Wirklichkeit sprachimmanent (d. h. Fiktion ist realisiert in dem, was sich als Identität von Wirklichkeit und Sprache darstellt), während im zweiten Beispiel eine Trennung von Sprache und evozierter Wirklichkeit das konstitutierende Moment der Fiktion ist. Hier wird die Eigengesetzlichkeit minnedialektischer Wirklichkeitsgestaltung aufgelöst, und zwar zugunsten einer nun spezifisch ausgerichteten Verweiskraft der Begriffe. Im dritten Falle haben wir es vor allem mit einer Darstellung religiöser Wirklichkeit zu tun, d. h. in der Doppelschichtigkeit als inhaltsbestimmendes Organisationsprinzip der Sprache. Im vierten Falle stellt der Abstraktionsprozeß Begriffe über die dargestellte Wirklichkeit in der Sprache und über die erlebte soziale Wirklichkeit. Wesentlich ist für uns 1) der Begriff als Abstraktion; 2) der Begriff in seinem Doppelbezug (manifester und transzendentaler Bezugsrahmen); 3) der Begriff in seiner konkreten Verweisfunktion, die der minnedialektischen Funktion der Begriffe entgegenläuft und dadurch den kultischen Moment im Minnesang zerstört. Von dieser Perspektive aus ist nun der Begriff der *fuoge* bei Walther von der Vogelweide näher zu erläutern.

Die Hinweise bei Lexer auf die verschiedenen Bedeutungen von *fuoge* (auch *vuoc*) in der deutschen mittelalterlichen Dichtung sind undeutlich und schwankend. Vor allem zeigt sich, daß die Grenzen zwischen konkreter Bedeutung und metaphorischer Verwendung nur schwer zu ziehen sind. So bedeutet *fuoge* zunächst einmal Zusammenfügung, feste Vereinigung, und noch konkreter »Stelle eingreifender Verbindung zueinander«, etwa dem neuhochdeutschen »Naht« entsprechend. Im übertragenen Sinne ist das Wort mit Vorstellungen von Sitte und Recht verbunden: Paßlichkeit, Schicklichkeit, Kunstfertigkeit, Kunstgeschick. Die von Lexer angeführten Stellen sind fast ohne Ausnahme der epischen und spätmittelalterlichen Dichtung entnommen. Kein Beispiel wurde aus der Lyrik Walthers zitiert. Diese aus dem dichterischen Zusammenhang herausgelösten Verweise sagen nichts über die Funktion des Begriffes innerhalb eines spezifischen Sprachvorgangs aus. Sie gewähren deshalb keinen Einblick in die Erschließung der Wirklichkeitsformen der Lyrik, weil sie ja von vorneherein schon Begriffe als inhaltlich bestimmte Abstrakta fixieren und den Kontext der

Lieder ausschalten, durch den erst die Bezugsmöglichkeiten und Verweisungsfunktionen eines Begriffes sichtbar gemacht werden können.[6]

In Walthers Lied 46, 32 erscheint *fuoge*[7] als allegorische Variation von *mâze*. Sie bestimmt die Wirkung der *mâze*, einleitend zum Grundthema des ganzen Liedes gemacht:

> Aller werdekeit ein füegerinne,
> das sît ir zewâre, frowe Mâze.

In diesem Lied geht es vor allem um die Festlegung und Präzisierung der *ebenen minne*:

> wirbe ich nidere, wirbe ich hôhe, ich bin versêret.
> ich was vil nâch ze nidere tôt,
> nû bin ich aber ze hôhe siech: (47, 1–3)

In diesem Lied werden die *nidere minne* und die *hôhe minne* nicht aufgebaut in den Bezugsmöglichkeiten, die zwischen ihnen hergestellt werden können, sondern es geht um die Beschreibung und genaue Abgrenzung zweier Minnebereiche, zweier Wertsysteme, und auch zweier einander ausschließender Gesellschaftsbereiche. Es geht also nicht um die gegenseitige Entsprechung von *nider* und *hôh*, die wir als eine der grundlegenden Spannungen im Aufbau und Vollzug der Minneaffirmation erkannten. Wir haben es hier vielmehr mit der Fixierung verschiedener Kategorien der gesellschaftlichen Wirklichkeit und Minne zu tun. Als *tertium quid* entsteht aus der Definition zweier sich ausschließender Kategorien gesellschaftlicher und dichterischer Verhaltensweisen und Normen ein neuer Stellenwert, den der Dichter in der *ebenen minne* für sich in Anspruch nehmen will. Dieser Stellenwert der *ebenen minne* wird gemessen an der gegebenen Schichtung von Werten und Normen. Dieser Stellenwert ist nicht aus sich heraus verständlich, sondern er erhält erst seine Bedeutung als bestimmbare Stelle innerhalb einer gegebenen Wertskala, die durch »nideriu minne« (47, 5) und »hôhiu minne« (47, 8) begrenzt wird. Die Hierarchie, die durch die Unterscheidung zwischen der niederen und hohen Minne bestimmt

[6] Diese Einwände sind auch gegen die Bedeutungsstudien gerichtet, so sehr dort wertvolles Material zusammengetragen wurde, das in einer Strukturanalyse nutzbar gemacht werden kann. Jetzt die bibliographische Auswahl dazu bei H. Tervooren, *Bibliographie zum Minnesang, Bibliographien zur deutschen Literatur des Mittelalters* (Berlin, 1969), S. 40ff.

[7] cf. Schweikle, unter *Bibliographie (infra)*.

wird, ist zwar in Frage gestellt, jedoch bleibt sie trotzdem für die Bestimmung des Stellenwertes der *ebenen minne* notwendige Voraussetzung. Die Wirklichkeit der Minne wird hier nicht mehr verstanden als Entsprechung ideeller Sprachbezüge, sondern ergibt sich aus der Herauslösung und Fixierung eines nun als Ideal erkannten Stellenwertes, nämlich den der *ebenen minne*.

Walther bestimmt diesen Stellenwert der *ebenen minne* nicht nur für sich und die höfische Gesellschaft, sondern macht ihn für alle gesellschaftlichen Bereiche, auch außerhalb der höfischen, verbindlich:

> der endarf sich iuwer niender inne
> weder ze hove schamen noch an der strâze ... (46, 35–36)

Im Lied 66, 21 bestimmt er seinen eigenen Stellenwert innerhalb der Gesellschaft auf ähnliche Weise:

> Lât mich an eime stabe gân
> und werben umbe werdekeit
> mit unverzageter arebeit,
> als ich von kinde habe getân,
> sô bin ich doch, swie nider ich sî, der werden ein,
> genuoc in mîner mâze hôh. (66, 33–67, 1)

Auch hier ist die Schichtung der gesellschaftlichen Hierarchie Voraussetzung für die Bestimmung seines eigenen Stellenwerts. Walther macht also mit dieser Präzisierung keinem eigenwertigen Individualismus Platz, sondern der Stellenwert entspringt einer gegebenen Schichtung der Minne und Gesellschaft. Sie funktioniert jedoch nur, solange in ihr die einzelnen Teile harmonisch aufeinander bezogen sind.

Am deutlichsten bestimmt Walther den Begriff der *fuoge* als Beschreibung und als Resultat dichterischen Schaffens. Wenn er sagt: »Ich hân dem Mîssenaere // gefüeget manec maere« (106, 3-4), so bezeichnet »füegen« die Art und Weise, wie man ein Lied macht. Hier hat er keinen »organisch«-gestalteten dichterischen Vorgang im Sinn, sondern meint lediglich das geschickte und gemäße Zusammenfügen von Darstellungsmomenten. Von diesem Standpunkt aus wird auch die »ungefüege rede« bestimmt:

> gefüeges mannes doenen
> daz sol man wol beschoenen,
> des ungefüegen hoenen.
> hie gêt diu rede enzwei ((104, 3–6)

Der Bedeutungsschwerpunkt liegt bei diesen Beispielen im Begriff *fuoge* als gemäße Entsprechung der einzelnen Teile. So kommt es auch, daß der polare Gegensatz zur *fuoge*, nämlich die *unfuoge*, nie minnedialektisch konzipiert ist, d. h. *fuoge* und *unfuoge* erhalten also ihr Eigengewicht nicht aus der gegenseitigen Entsprechung und Kontrastierung (wie etwa wân-trost; genâde-ungenâde; liep-leit; hôh-nider; schweigen-sprechen; verhüllen-preisgeben), sondern *fuoge* und *unfuoge* bezeichnen von vorneherein getrennte Bereiche der Kunst, der Minne und der Gesellschaft (cf. Walther 64, 31). Somit fällt also die Funktion der *fuoge* als Abstraktum zusammen mit der Erkenntnis einander sich ausschließender Kategorien.

In vier Liedern Walthers von der Vogelweide lassen sich nun die Funktion und Bedeutung des *fuoge*-Begriffs näher bestimmen: 47, 36: Zwô fuoge hân ich doch ...; 90, 15: Ane liep sô manic leit ...; 115, 30: Mich nimt iemer wunder waz ein wîp ...; 64, 31: Owê, hovelîchez singen ...

I. 47, 36 – 49, 24: Zwô fuoge hân ich doch, swie ungefüege ich sî ...

Es geht uns hier nicht darum, uns mit den verschiedenen Interpretationen dieses Liedes auseinanderzusetzen,[8] sondern lediglich die Rolle näher zu bestimmen, die dem *fuoge*-Begriff in diesem Liede zukommt. Wie das ganze Lied, so bleibt auch der *fuoge*-Begriff widersprüchlich. Auch hier geht es um die Affirmation der *ebenen minne*. Es wird also eine Gliederung und Schichtung der Werte als gegeben vorausgesetzt, an denen die *ebene minne* gemessen werden kann. In der ersten Strophe bedeutet *fuoge* spiegelbildliche Entsprechung, d. h. Walther bejaht zunächst einmal, daß sein eigenes Tun von der Gesellschaft und ihren Werten bestimmt wird:

> durch die liute bin ich frô,
> durch die liute wil ich sorgen: (48, 3–4)

Die darauffolgende Einschränkung (waz dar umbe? ich wil doch borgen, 48, 6) wird dann in der konsequenten Feststellung überspielt: swie si sint sô wil ich sîn (48, 7). Hier entspricht *fuoge* ganz der integrativen *relatio*-Funktion. In der zweiten Strophe jedoch stellt er diese spiegelbildliche Entsprechung als fragwürdig dar:

---

[8] *ibid.*

sît daz diu minneclîche minne alsô verdarp,
sît sanc ouch ich ein teil unminneclîche. (48, 14–15)

Es ist die Einsicht in den Verfall der höfischen Sitten und Lieder, die nun den Begriff der *fuoge* nicht mehr als spiegelbildliche Entsprechung von Sänger und Gesellschaft erscheinen läßt, sondern als ein über der Gesellschaft und dem Sänger stehendes Ideal, an dem er die Lieder und die höfische Gesellschaft mißt:

so erkande ich wol die fuoge,
wenn unde wie man singen solte (48, 23–24)

Die Bedeutung der *fuoge* als spiegelbildliche Entsprechung von Sänger und Gesellschaft wird relativiert und *fuoge* als ein nicht verwirklichtes Ideal postuliert. Die zwei Funktionen von *fuoge* schließen einander aus. Anstelle der minnedialektischen Affirmation tritt nun die *unfuoge* als Realität des Zerfalls in der Gesellschaft und in der Kunst, während *fuoge* als unverwirklichtes Ideal bedeutsam ist:

swenne unfuoge nû zergât,
sô sing aber von höfschen dingen (48, 18–19)

In der dritten Strophe will nun Walther näher bestimmen, was denn eigentlich der Grund der *unfuoge* ist, und er sieht ihn vor allem in dem Mangel an ethischem und aesthetischem Unterscheidungsvermögen der Herrin:

Ich sage iu waz uns den gemeinen schaden tuot.
diu wîp gelîchent uns ein teil ze sêre. (48, 25–26)

oder:

waz stêt übel, waz stêt wol,
sît man uns niht scheiden sol? (48, 33–34)

Hier beruft er sich zunächst auf die Gliederung und Schichtung gesellschaftlicher und minnesängerischer Normen, die ihm auch Voraussetzung für die Bestimmung der *ebenen minne* ist:

ich wil mîn lop kêren,
an wîp die kunnen danken:
waz hân ich von den überhêren? (49, 22–24)

Einerseits also erkennt Walther die Gliederung der Werte an, andererseits stellt er sie aber in seiner Fixierung der *ebenen minne* als exklusives Maß in Frage.

Walthers ironische Distanzierung (wie im Lied 53, 25: Si wunderwol gemachet wîp ...) trennt ihn von dem unmittelbaren Sprachvollzug der Minneaffirmation, besonders in der ersten und letzten Strophe dieses Liedes verdeutlicht. Der Begriff der *fuoge* wird nicht als minnedialektischer Spannungsmoment verwendet. Ihm fehlt auch die Doppelschichtigkeit, die sich aus der sinnbildlichen Funktion eines Begriffes ergibt. *Fuoge* erscheint hier in zwei einander ausschließenden Funktionen: 1) spiegelbildliche Entsprechung von Sänger und Gesellschaft, und zwar nicht dargestellt im unmittelbaren Sprachvollzug, sondern ironisch reflektiert in beschreibender Funktion; und 2) als unverwirklichtes Ideal, das über der Minne, Gesellschaft und Kunst steht.

Der *fuoge-Begriff* und seine verschiedenen Funktionen in diesem Lied verdeutlicht die Sprachkrise im Minnesang. Der Begriff ist zweideutig, ohne daß sich diese Zweideutigkeit etwa durch sinnbildliche Überhöhung (im religiösen Sinne), oder durch die minnesängerische Intention, polare Spannungen zu konstruieren, auflösen ließe. Als Abstraktum besitzt der Begriff eine Funktion, die über das sprachliche Zeichen hinaus Verweiskraft hat auf ein noch zu verwirklichendes Ideal. Das Lied macht klar getrennte Gesellschaftsbereiche und Minnenormen sichtbar, die sich nicht mehr minnedialektisch überspielen lassen. Die Abwertung der kultischen Funktion der Minnesprache steht im Zusammenhang mit Walthers Fixierung der *ebenen minne* und dem nun angesprochenen Ideal der *fuoge*. Es ist jetzt nämlich eine Trennung möglich zwischen individueller Perspektive und individuellen Werten einerseits und allgemein gültigen Gesellschaftsnormen andererseits. In der *ebenen minne* versucht er diese Trennung zu überbrücken, indem der Stellenwert der *ebenen minne* sein Eigengewicht erst im Rahmen einer gegebenen Wertskala erhält. Der Trennung zwischen individueller Perspektive und allgemein gültigen Gesellschaftsnormen wird nun bei Walther der Glaube entgegengesetzt, der sich nach dem noch zu verwirklichenden Ideal der *fuoge* richtet.

Aber auch bei Walther führt diese Trennung zu keiner partikularisierten Eigenvorstellung, von der aus gesellschaftskritische Einsichten möglich wären. Es wird sich zeigen, daß gerade die Ansätze zu einer Partikularisierung der Wirklichkeit (das heißt in diesem Zusammenhang auch die Entwicklung einer Eigenvorstellung als eigentlicher Bewegmoment) immer wieder sinnbildlich überhöht werden, immer wieder bezogen werden auf die traditionellen Normen der christlichen Wirklichkeitsorientierung (siehe unten, *Minne und Religion*).

In den drei weiteren Liedern, in denen der *fuoge*-Begriff eine Rolle spielt, läßt sich jedoch ein Ansatz zu einer partikularisierten Eigenvorstellung aufzeichnen. Auch im Lied: »Zwô fuoge hân ich doch ...« ist ja schon bemerkbar, wie der Fixierung der *ebenen minne* innerhalb einer gegebenen Wertskala eine gewisse Bewegungsfreiheit des Dichters beigegeben ist.

ich wil mîn lop kêren
an wîp die kunnen danken: (W 49, 22–23)

Karl von Krauss setzte zu Recht dieses Lied in Verbindung zum Preislied:[9]

Ir sult sprechen willekomen:
der iu maere bringet, daz bin ich (W 56, 14–15)

II. 90, 15 – 91, 16 Ane liep sô manic leit, ...

Der Zusammenbruch der *relatio*-Funktion ist in diesem Lied vollzogen:

hei wie wol man in dô sprach,
dô man die fuoge an in gesach!
nû siht man wol
daz man ir minne mit unfuoge erwerben sol. (W 90,35–38)

Die Unterscheidung zwischen vergangenem Ideal (*dô*: hei wie wol man in dô sprach) und gegenwärtigem Verfall (*nû*: *nû* siht man wol ...) ist konkret und gesellschaftlich real aufgefaßt. Das »Einst« und »Jetzt« sind keine minnedialektisch konzipierten Pole, aus denen heraus der Minnesänger sich selbst und seine gesellschaftliche Wirklichkeit im unmittelbaren, fiktiven Sprachvollzug gestaltet. Das »Einst« und »Jetzt« verweisen auf getrennte Kategorien einer historisch realen Zeitkonzeption. So kommt es auch, daß Walther gerade in diesem Lied an die Dauer seines eigenen Ruhmes denkt:

daz tuon ich, daz sie gedenken mîn (91, 12),

und somit eine Persönlichkeitvorstellung anklingt, die Momente der Eigengesetzlichkeit enthält. Wie bekannt, spielt die Dauer des persönlichen Ruhmes bei den Minnesängern fast überhaupt keine Rolle. Die

---

[9] Carl v. Kraus, *Walther von der Vogelweide. Untersuchungen* (Berlin, 1935), S. 172.

Minnedialektik legt den Nachdruck auf die Unmittelbarkeit des Vortrags. Weiterhin: die *relatio*-Funktion der Minnesprache schaltet eine historisch-reale Zeitkonzeption aus. Daraus läßt sich aber nun nicht folgern, daß im Minnesang Lyrik als Moment einer Zeitlosigkeit verstanden werden kann. Die Immanenz der Normen und der ideellen Wirklichkeit, die im Minnesang beschrieben und evoziert werden, sprechen dagegen.

Diesem Ansatz zur partikularisierten Eigenvorstellung entspricht dann auch die verschärfte Unterscheidung zwischen der Welt der *fuoge* und der Welt der *unfuoge*, sowohl im Bereich der Kunst (daz man ir minne mit unfuoge erwerben sol ... 90, 38) als auch im Bereich der Gesellschaft (êr unde guot // hât nû lützel ieman wan der übel tuot ... 90, 29–30). Die Wertungen, die durch die *fuoge* bestimmt werden, verselbständigen und verabsolutisieren sich, wenn sie nicht mehr im Sprachvollzug unmittelbar evoziert und erkannt werden. In der Formulierung: hei wie wol man in dô sprach, // dô man die fuoge an in gesach! klingt ganz deutlich die minnedialektische Selbst- und Wirklichkeitsgestaltung an, und zwar in der spiegelbildlichen Entsprechung, die das *sprechen* (hei wie wol man in dô sprach) polar bezieht auf das, was sich an der Herrin als *fuoge* manifestiert (dô man die fuoge an in *gesach*). Evozierender Gesang jedoch und die in der Herrin sichtbar werdende *fuoge* sind in diesem Lied nicht strukturbestimmend. Ihre Komplementarität bestimmt nicht den Ablauf des Liedes und dessen Inhalt. Der Bezug *sehen–sprechen* steht also im Hintergrund. Es ist vielmehr die unüberbrückbare Gegenüberstellung von *fuoge* und *unfuoge*, die die Funktion der einzelnen Darstellungsmomente im Liedzusammenhang bestimmt.

Es läßt sich in diesem Lied zusammenfassen, daß der Unterscheidung zwischen wesentlich einander ausschließenden Gesellschaftsbereichen und Zeitkategorien auch Momente einer partikularisierten Eigenvorstellung beigeordnet sind. Die Kritik scheint nun berechtigt, daß man ja damit bei dem reichspolitisch engagierten Spruchdichter Walther von der Vogelweide offene Türen einrennt, und zwar auf eine umständliche Weise. Dem ist entgegenzuhalten, daß es hier vor allem um die in der Struktur der Minnesprache erfaßbaren, kultischen Vollzugsformen geht, und um ihre Abgrenzung gegenüber Bereichen, die sich nicht mehr einbeziehen lassen. Nur so können wir uns der inneren

Struktur des Minnesangs nähern. Nähmen wir Ausgang von der historischen Persönlichkeit eines Minnesängers, so ließe sich der Minnesang nur in den vereinfachenden Denkmodellen Erlebnis–Tradition beschreiben, in Kategorien also, die die kultischen Vollzugsformen des Minnesangs nicht aufschließen können.

III. 115, 30 – 116, 32 Mich nimt iemer wunder waz ein wîp ...

Dieses Lied macht deutlich, daß wir in der Analyse einer Begriffsfunktion und Bedeutung jeweils vom Liedzusammenhang ausgehen müssen. Wir konnten an den besprochenen Liedern zeigen, wie der *fuoge*-Begriff innerhalb eines Liedes Widersprüche aufweist. Es zeigte sich, daß der *fuoge*-Begriff als Abstraktum keine minnedialektische Funktion hatte. Es wäre jedoch verfehlt, den *fuoge*-Begriff in der gesamten Lyrik Walthers in seiner Funktion als Abstraktum, das unüberbrückbare Gegensätze neutralisieren soll, verstehen zu wollen. Im Lied 115, 30 läßt sich nämlich zeigen, daß *fuoge* auch in minnedialektischer Spannung verwendet werden kann. Damit stoßen wir auf ein Prinzip, das für den methodischen Ansatz dieser Studie wichtig ist: die Verfügbarkeit eines Begriffes ist so groß, daß jeweils der unmittelbare Sprachzusammenhang herangezogen werden muß, um die genaue Funktion und Bedeutung eines Begriffes zu bestimmen. Wir haben zwar in den schon behandelten Liedern die *fuoge* als Abstraktum über die einzelnen Gesellschaftsbereiche gestellt, in der Funktion von Entsprechung und Gliederung. Jedoch entspricht der Gebrauch von *fuoge* im Lied 115, 30 den bisherigen Ausführungen über den *fuoge*-Begriff bei Walther nicht. Dieses Lied führt uns noch einmal zu den Erwägungen im Kapitel *Minne und Kult* zurück:

Mich nimt iemer wunder waz ein wîp
an mir habe ersehen,
dasz ir zouber leit an mînen lîp.
waz ist ir geschehen? (115, 30–33)

In diesen einleitenden Zeilen des Liedes zeigt sich der Sänger überrascht darüber, daß die Herrin ihn mit ihrem Zauber umgibt. Er kann es nicht verstehen, was denn die Herrin eigentlich an ihm findet. Er scheint also eine Qualität zu besitzen, die die Herrin bewegt, ihm gnädig zu sein. Die Entsprechung zwischen ihrem Wohlwollen und seinen Eigenschaften – oder genauer: der vorgegebene Mangel an Eigenschaften – sind nicht minnedialektisch aufgebaut, das heißt, es wird kein Bezug entwickelt, aus dem heraus nun ihre Gnade und seine Eigenschaften sich gegenseitig begründen. Die einleitenden Formulierungen sind für das ganze Lied jedoch nicht strukturbestimmend. Walther geht vielmehr präzisierend auf die am Anfang angedeutete Überraschung ein und stellt fest, daß er ja gar nicht schön sei. Er stellt also zunächst im weiteren Verlauf des Liedes einen Mangel an sich selbst in den Mittelpunkt, bis hin zum Bekenntnis, daß es viele Männer gäbe, die schöner seien als er:

> Dâ si wont, dâ wonent wol tûsend man
> die vil schoener sint (116,9–10)

Diese Verneinung seiner eigenen »Schönheit« wurde in den verschiedensten Wendungen vorbereitet:

> jâ hât si doch ougen:
> wie kumt dazs als übele siht? (116, 34–35) oder:
>
> ich bin aller manne schoenest niht,
> daz ist âne lougen (115, 36–37) oder:
>
> sist an mîner schoene gar betrogen (116,3) oder:
>
> wie stât mir mîn houbet! (116, 5)

Diese Variationen haben eine minnedialektische Funktion. Sie bereiten die *revocatio* vor:

> wan daz ich ein lützel fuoge kan,
> so ist mîn schoene ein wint (116, 11–12)

Somit wird nun *fuoge* (»fuoge können« läßt sich inhaltlich als »dem höfischen Ideal entsprechend dichten und singen können« definieren) komplementärer Pol zu *schoene*. Die minnedialektische Struktur ist also bestimmt von dem sich gegenseitig bedingenden Kontrast von Singenkönnen (»fuoge können«) einerseits und Nicht-Schönsein andererseits. Damit kommen wir zum Kern des Liedes: der Bezug der Herrin zum Lied, oder die höfischen Eigenschaften der Herrin und die Bedeutung des Liedes am Hofe:

> Wil si fuoge für die schoene nemen,
> so ist si wol gemuot.
> kan si daz, sô muoz ir wol gezemen
> swaz si mir getuot (116, 17–20)

Folgende minnedialektische Struktur bestimmt nun das Liedganze: Verwunderung über den Zauber, den die Herrin einem scheinbar unwürdigen Sänger zukommen läßt 〉 sein Eingeständnis, daß er nicht schön sei 〉 *revocatio*: Dichtenkönnen als Gegenpol 〉 »fuoge für die schoene nemen«. Was sich einleitend lediglich als ein Zauber der Herrin zeigt, der von ihr ausgeht und den Sänger zum passiven Empfänger dieses Zaubers macht, wird nun auf seine Leistung als Sänger bezogen, die rückwirkend ihr zugute kommt:

> Wil sie fuoge für die schoene nemen, ...
> kan si daz, sô muoz ir wol gezemen ...

Die minnedialektische Struktur spielt sich also auf zwei Ebenen ab: 1) Die Kontrastierung von *schoene* und *fuoge*, aus ihr ergibt sich 2) die Werte und Eigenschaften der Herrin und das Können des Sängers. Am Ende des Liedes wird der unbestimmte Zauber und die Verwunderung des Sängers über diesen Zauber durch eine normative, dichterisch-gesellschaftliche Fixierung des *zoubers* der Herrin ersetzt:

> Lât iu sagen wiez umbe ir zouber stât,
> des si wunder treit.
> sist ein wîp diu schoene und êre hât,
> dâ bî liep und leit ... (116, 25–28)

Schoene, *zouber*, *fuoge* erhalten ihren Bedeutungsschwerpunkt und ihre Funktion im sprachlichen Aufbau der Minneaffirmation. Gleichzeitig aber haben sie auch eine ganz spezifisch gesellschaftliche Funktion: sie bestimmen und rechtfertigen den Stellenwert des Sängers am Hofe durch die Benennung und Evozierung der höfischen Ideale, die die Herrin verkörpert.

In diesem Lied hat der *fuoge*-Begriff eine ganz andere Funktion als in den oben besprochenen Liedern. Der *fuoge*-Begriff als Abstraktum, das über die verschiedenen Bereiche (Gesellschaft, Kunst, Minne) gestellt wird, liegt hier nicht vor. Er ist aus seiner minnedialektischen Funktion heraus zu erklären. Es zeigt sich hier also die freie Verfügbarkeit der Begriffe für verschiedene Funktionen und Inhalte, jeweils bestimmt von dem spezifischen Lied und seiner Struktur. In diesem Lied jedenfalls ist der kultische Sprachvollzug erhalten, der sich in Entsprechungen und Kontrasten seine eigene Wirklichkeit setzt.

IV. 64, 31 – 65, 32 Owê, hovelîchez singen ...

Wir wollen in diesem Lied lediglich festhalten, daß hier der Gegensatz von »Einst« und »Jetzt«, von *fuoge* und *unfuoge* konstitutives Element der Klage um Reinmar dem Alten ist. Es wird nicht nur unterschieden zwischen gutem und schlechtem Dichten, zwischen gesellschaftlich gemäßer und ungemäßer Dichtung, sondern auch zwischen guten und schlechten Zeiten auf Grund realer, wenn auch qualitativ bestimmter Zeitdifferenzierung. Hier wird also nicht minnedialektisch Wirklichkeit strukturiert. Von der methodischen Perspektive her müssen wir doch nachdrücklich feststellen, daß das, was wir hier »reale« Zeitbestimmung nennen, nun seinerseits durchaus in eine strukturelle Konstellation passen kann, die uns hier aber nicht interessiert. Ich meine hiermit den besonderen Bezug von »realer Zeitvorstellung« im Zusammenhang einer konnotativen Reihe, die wir allgemein mit der Kategorie »Goldenes Zeitalter« umschreiben können. Diese konnotative Reihe (semiotisch, kulturelle Einheit) spielt im Minnesang nur eine ganz untergeordnete Rolle.

Während wir in den oben besprochenen Liedern zeigen konnten, wie Walther versuchte, mit seinem *fuoge*-Begriff eine Gliederung und Entsprechung zwischen Minne, Gesellschaft und Kunst darzustellen, ist dies in der Klage um Reinmar nicht der Fall.

Fassen wir die Ausführungen über die Funktion des *fuoge*-Begriffs zusammen. Die Funktion und Bedeutung des *fuoge*-Begriffs bei Walther zeigt, daß die Konflikte und Gegensätze innerhalb der Kunst und Gesellschaft minnedialektisch nicht neutralisiert werden konnten. Die Exklusivität der höfischen Welt, die auf der Entsprechung von sprachlich-künstlerischer Evozierung einerseits und gesellschaftlichen Werten und Normen andererseits beruht, läßt sich im Lied nicht mehr vollziehen. Der Ansatz zu einem gesellschaftlichen Bewußtsein läßt sich an Hand einer strukturanalytischen Methode isolieren. Wir beschränken uns auf den *fuoge*-Begriff, um die Infragestellung der höfisch-kultischen Welt an der Sprache aufzuzeigen. Walther versucht die aufgebrochenen Widersprüche zwischen Minne und Gesellschaft durch einen Abstraktionsprozeß zu lösen, indem er den *fuoge*-Begriff über die Widersprüche stellt.

Soziologisch gesehen war der Minnesang mit seinem kultischen Sprachvollzug nur möglich, solang die exklusiv höfische Gesellschaft einen Absolutheitsanspruch aufrechterhalten konnte. Ausgeschlossen ist in diesem kultischen Sprachvollzug jede Gestaltung von gesellschaftlich-realen Konfliktsituationen. Der Minnesänger schuf nicht nur eine

Sprachwirklichkeit, er gewann auf diese Weise auch seinen Stellenwert innerhalb des magischen Kreises der höfischen Zuhörer. Damit erhalten nun gerade jene wenigen Lieder Walthers ihre besondere Bedeutung, in denen er den Versuch macht, eine Minneaffirmation mit dem Bewußtsein in Einklang zu bringen, daß es einander widersprechende Kategorien des gesellschaftlichen Seins gibt.

In seinem Lied 62, 6 – 63, 7: »Ob ich mich selben rüemen sol« ist eine Strophe eingebettet, in der die Spannung zwischen Minne und Gesellschaft angedeutet wird, und zwar so, daß sie nicht mehr minnedialektisch konzipiert werden kann:

> Frowe, ir sît schoene und sît ouch wert:
> den zwein stêt wol genâde bî.
> waz schadet iu daz man iuwer gert?
> joch sint iedoch gedanke frî.
> wân unde wunsch daz wolde ich allez ledic lân:
> nû höveschent mîne sinne dar.
> waz mag ichs, gebents iu mînen sanc?
> des nement ir lîhte niender war:
> sô hân ichs doch vil hôhen danc.
> treit iuch mîn lop ze hove, daz ist mîn werdekeit.
> (62, 16–62, 25)

Das ganze Lied ist eine elegante und souverän gestaltete Darlegung der minnesängerischen *persona*, die sich aus dem Kontrast heraus konstituiert, der besteht zwischen dem *klosenaere* (1. Strophe):

> ein klôsenaere, ob erz vertrüege? ich waene,
> er nein (62, 10)

und dem *keiser* (4. Strophe)

> der keiser wurde ir spileman,
> umb alsô wünneclîche gebe,
> dâ keiser spil. nein, herre keiser, anderswâ! (63, 5–7)

Sowohl dem *klosenaere* als auch dem *keiser* wird eine Rolle innerhalb des Minnebereichs zuerkannt, um diese Rollen zu verneinen. Der Sänger gestaltet damit seine eigene Rolle in der *revocatio* anderer Rollen. Damit werden der *klôsenaere* und der *keiser* zur Funktion minnesängerischer Selbstgestaltung. Den zwei gesellschaftlich bezogenen Bezeichnungen kommt kein Eigengewicht zu. Sie sind als Kontrast dem Minnesänger gegenüber bedeutsam, und dann des weiteren auch als Gegensatz zueinander, wobei allerdings die gesellschaftlich unterschiedliche Rolle bestimmend ist. In dem Lied liegt natürlich in keiner Weise eine gesellschaftlich real zu sehende Konfliktsituation vor. Die *revocatio* der Rollen bleibt im geschlossenen System der Minnewelt.

In der dritten Strophe jedoch ist ein Ansatz zu finden, an dem die unüberbrückbaren Gegensätze von gesellschaftlicher Realität und Minnewirklichkeit angedeutet sind. Walther sagt in dieser Strophe etwas darüber aus, daß er »seine Gedanken« für frei hält und daß er »wân unde wunsch«, traditionelle Indizien der Selbstgestaltung hinter sich lassen möchte:

joch sint iedoch gedanke frî.
wân unde wunsch daz wolde ich allez ledic lân:
(62, 19–20)

Der schwache Nexus (joch) zur vorausgegangenen Frage: waz schadet iu daz man iuwer gert? läßt keinen eindeutigen Schluß über die Funktion und Bedeutung dieser Zeilen zu. Darauf jedoch folgt ein etwas deutlicher artikulierter Gegensatz zu den »freien Gedanken«, wenn er sie der höfischen Galanterie entgegenstellt: »nû höveschent mîne sinne dar.« In den Schlußzeilen rundet sich die Strophe aus in der minnedialektischen Entsprechung des anfänglich im Lied gestalteten Lobs und seinem eigenen Wert:

Frowe, ir sît schoene und sit ouch wert...

bezogen auf

treit iuch mîn lop ze hove, daz ist mîn werdekeit.

Die Struktur der *relatio* (aus dem sich hier *lop*, d. h. das Singen, und *werdekeit* konstituiert) ist deutlich. *Werdekeit* ist Resultat des Liedes, aber auch Eigenschaft der Herrin. Trotzdem läßt sich die Zeile von den »freien Gedanken« nicht in dem minnedialektischen Rahmen des ganzen Liedes und dieser Strophe unterbringen. Die Frage muß aber offen bleiben, ob es sich hier um einen gesellschaftskritischen Ansatz handelt oder nicht. Zu unterscheiden ist diese Zeile jedoch auf jeden Fall von jenen Stellen im Minnesang, bei denen »freie Gedanken« minnedialektische Funktion haben, wie etwa bei Reinmar dem Alten und dem »eigen lant« seiner Gedanken (MF 181, 33–36, siehe oben S. 45f.). Wir verweisen hier auf die Äußerung Walthers über die »freien Gedanken«, weil nämlich das Bewußtsein von gesellschaftlichen Zwängen bei Walther die Voraussetzung bildet für die Ansätze gesellschaftlich realer Antinomien, ihre Andeutung und Überspielung in einigen seiner Liedern. Wir kommen damit zum Lied, das wir in den Mittelpunkt unserer Betrachtungen zum Minnesang und seinem realen Gesellschaftsbezug stellen. Es handelt sich um das Lied 42, 31 – 42, 30: Wil ab iemen wesen frô:

42, 31 Wil ab iemen wesen frô,
daz wir in den sorgen iemer niht enleben?
wê wie tuont die jungen sô,
die von fröiden solten in den lüften sweben?
ichn weiz anders weme ichz wîzen sol,
wan den rîchen wîze ichz und den jungen.
die sint unbetwungen:
des stât in trûren übel und stüende in fröide wol.

43,1 Wie frô Saelde kleiden kan,
daz si mir gît kumber unde hôhen muot!
sô gîts einem rîchen man
ungemüete: owê waz sol dem selben guot?
mîn frou Saelde, wie si sich vergaz,
daz si mir sîn guot ze mînem muote
niene schriet, sie guote!
mîn kumber stüende im dort bî sînen sorgen baz.

42, 15 Swer verholne sorge trage,
der gedenke an guotiu wîp: er wirt erlôst:
und gedenke an liehte tage.
die gedanke wâren ie mîn bester trôst.
gegen den vinstern tagen hân ich nôt,
wan daz ich mich rihte nâch der heide,
diu sich schamt vor leide:
sô si den walt siht gruonen, sô wirts iemer rôt.

Frowe, als ich gedenke an dich,
waz dîn reiner lîp erwelter tugende pfliget,
sô lâ stân! dû rüerest mich
mitten an daz herze, dâ diu liebe liget.
liep und lieber des enmein ich niht:
ez ist aller liebest, daz ich meine.
dû bist mir alleine
vor al der welte, frowe, swaz joch mir geschiht.[10]

[10] Carl von Kraus konstatiert, trotz der verwirrten Textüberlieferung, die »Geschlossenheit« des Liedes, die sich auch aus unserer Perspektive heraus ergibt, wenn auch mit ganz anderen Kriterien, cf. Carl v. Kraus, *op. cit.*, S. 140ff.

Auch bei diesem Lied scheint es sich um den traditionellen Aufbau der Minnewirklichkeit zu handeln. Die minnedialektischen Indizien dafür sind durchaus gegeben. So klingt zum Beispiel in der zweiten Strophe der Kontrast von *kumber* und *hoher muot* (oder *fröide-trûren*) an, wie überhaupt die »ungleiche Verteilung der Schätze« der *frô Saelde* zur Funktion minnedialektischer *revocatio* verwendet werden kann. Weiterhin deutet Walther einleitend zur dritten Strophe auf das Motiv der *verholnen* Minne, das eines der ausgeprägtesten Indizien minnedialektischer Wirklichkeitsgestaltung ist, am knappsten formuliert vom Burggrafen von Regensburg:

> ... daz ich sô guotlîchen lac
> verholne an sînem arme, ... (MF 17, 3–4)

wo sich Minne aufbaut in der Spannung von *guotlîch* und *verholne*, wo sich die Minnenden also verstehen als Gegenpol zur feindlichen Öffentlichkeit, verkörpert im *merkaere*. (Diese spezifische minnedialektische Spannung spielt eine besonders ausgeprägte Rolle in Gottfrieds *Tristan*, und zwar auf den verschiedensten Ebenen der inneren Sprachstruktur, des Aufbaus, der Handlung und der Wirklichkeit- und Selbstkonzeption).

Weder der Kontrast *fröide–trûren* noch der Kontrast heimliche Liebe–*merkaere* sind strukturbestimmend. Drei weitere Darstellungsmomente sind das traditionelle Frauenlob am Ende des Liedes, der Naturverweis in der dritten Strophe und die allgemeine Zeitklage in der ersten und zweiten Strophe, bei der schon ganz deutlich die große Elegie des alten Walthers anklingt, wenn wir etwa »wê wie tuont die jungen sô« (42, 33) mit »Owê wie jaemerlîche junge liute tuont« (124, 18) in Zusammenhang bringen, oder deutlicher noch, wenn wir das traditionelle Zeitklagemotiv der sorgen-fröide in den einleitenden Zeilen unseres Liedes vergleichen mit

> die kunnen niuwan sorgen: ouwê wie tuont si sô?
> swar ich zer werlte kêre, dâ ist nieman frô: (124, 20–21)

Zeitklage, Frauenlob, Naturverweis, minnedialektische Kontraste stehen einander gegenüber. Sie geben uns keinen Aufschluß zur inneren Struktur des Liedes. Sie beweisen höchstens die große Verfügbarkeit verschiedener Darstellungsmomente innerhalb eines Liedes, und sie beweisen auch den handwerklichen Aspekt des mittelalterlichen Dichtens.

Jedoch könnte man durchaus annehmen, daß eben in diesem Lied die additive Aneinanderreihung von Darstellungsmomenten als Kohäsionsprinzip ausreicht. Es wäre also durchaus der minnedialektischen Struktur gemäß, wenn nicht alle Darstellungsmomente in ein Liedganzes integriert werden können. Somit gilt die Verbindlichkeit der inneren Struktur nicht von vorneherein als bestimmend für alle Teile und Darstellungsmomente eines Liedes. Wir wollen also bei einer Strukturanalyse nicht in denselben Fehler verfallen wie die Forschungsrichtung, die von der Prämisse der persönlichen Aussage, von der »Logik des Erlebten«, die Durchgängigkeit eines Liedes voraussetzte, und dieses Prinzip zur Rekonstruktion von Liedern und Liederzyklen fast unreflektiert in den Mittelpunkt ihrer Forschung stellte. Der Zufall spielt bei fast jedem Lied eine gewisse Rolle, bedingt nicht nur durch die Art der Liedüberlieferung, die Vortragssituationen, sondern auch durch das handwerkliche Prinzip der kombinatorischen Zusammensetzung überlieferter Darstellungsmomente.

In unserem Lied macht Walther jedoch Neuansätze, die weder als Zufall erklärt werden können noch vom Standpunkt der minnedialektischen Konzeption aufzuschlüsseln sind. Das Lied stellt eines der wenigen Beispiele dar, bei denen ein Bewußtsein gesellschaftlicher Antinomien sichtbar gemacht werden kann:

> ichn weiz anders weme ichz wîzen sol,
> wan den rîchen wîze ichz und den jungen.
> die sint unbetwungen: (42, 35–37)

Das *unbetwungen* hat hier keine minnedialektische Funktion. Was haben die *jungen* und *rîchen* gemeinsam, um noch die eine gewisse Freiheit voraussetzende Lehre Walthers annehmen zu können? Es ist die Freiheit vom gesellschaftlichen Zwang. In überspitzter Formulierung: die *jungen* sind noch nicht in den gesellschaftlichen Prozeß eingereiht, und die *rîchen* stehen über ihm. Es ist dieser freie Gesellschaftsbezug, der die *jungen* und die *rîchen* auf den gleichen Nenner bringt. Allerdings entwickelt Walther diesen gesellschaftskritischen Ansatz nicht gleich weiter, sondern er biegt verallgemeinernd ab, indem er diesen Ansatz der traditionellen Lehre vom gemäßen Leben unterstellt:

> des stât in trûren übel und stüende in fröide wol. (42, 38)

Sobald überhaupt der Gedanke einer Freiheit, eines Ungezwungenseins im gesellschaftlichen Sinn möglich ist, ist der magische, höfische

Kreis mit seinen kultischen Vollzugsformen schon durchbrochen. »Zwang« kann es dort nur geben in der minnedialektischen Konzeption, im Motiv des Minnesklaven. Interessant ist in unserem Lied, daß Walther sich selbst außerhalb der gesellschaftlichen Freiheit und des Zwanges stellt, und zwar auf Grund der Rolle, die er spielt, als Unterweiser einer Lehre: ichn weiz anders weme ichz wîzen sol. Er beklagt sich lediglich darüber, daß es keine *unbetwungenen* Menschen mehr gibt und somit seine didaktische Aufgabe hinfällig wird.

In der zweiten Strophe geht es dann um die nähere Ergründung der ungerechten Verteilung der Güter und des Guten. Der Gegensatz von *kumber* (43, 2) und *hôhen muct* (43, 2) ist hier nicht als polare Spannung minnedialektisch entwickelt, sondern er bezeichnet vielmehr die persönlichen Eigenschaften des Minnesängers, die er dem *rîchen* (43, 3) gegenüberstellt, dessen *ungemüete* in keiner Weise zu seiner realen Lebenslage paßt. Es ist gerade das Moment des Ungezwungenseins, das Walther stark hervorhebt und somit das christliche Motiv des »besorgten Reichen« gesellschaftskritisch vertieft. Das Problem der ungerechten Verteilung des Guten und der Güter wird verschleiert in der Allegorie der *frô Saelde*, die über die Menschen und über die Gesellschaft gestellt wird. Walther reduziert den gesellschaftskritischen Ansatz und macht ihn zu einer persönlichen Schwäche der *frô Saelde*:

mîn frou Saelde, wie si sich vergaz, (43, 5)

In der dritten Strophe steht nun nicht mehr die Gesellschaft, sondern die Minne im Mittelpunkt. Vom Inhaltlichen her ist also das ganze Lied aufgeteilt in eine Gesellschaftsdarstellung (Strophe 1 und 2) und eine Minnedarstellung (Strophe 3 und 4). Was die zwei Teile des Liedes zusammenbringt, ist nun gerade die Tatsache, daß Walther im zweiten Teil des Liedes eine Antwort gibt auf das im ersten Teil des Liedes angeschnittene Problem des gesellschaftlichen Zwangs:

Swer verholne sorge trage,
der gedenke an guotiu wîp: er wirt erlôst (42, 15–16)

Die Befreiung liegt also in seiner Kunst und ihrer Verschleierungsfunktion. Jedoch ist es Walther dabei durchaus klar, daß es sich bei der vorgeschlagenen Lösung um eine gedankliche Konstruktion handelt, um eine erdachte Welt:

die gedanke wâren ie mîn bester trôst. (42, 18)

Diese tradierte Formel ist in der Gesamtkonstellation des Liedes nun keineswegs Teil einer minnedialektischen Darstellung. Der Gegenpol zu den Gedanken, die *trôst* bringen, ist nun nicht etwa ein *wân*, eine Hoffnung auf Gnade, die die Herrin ihrem Sänger zukommen läßt. Die Grundstruktur des Liedes liegt vielmehr im Gegensatz zwischen dem *betwungen*-Sein und der Erlösung in den *gedanken*. In diesem Lied führt jedoch Walthers Erkenntnis, daß der Minnesang ein Gedankenspiel ist, keineswegs zu einer Abwertung, sondern er bejaht den Gedankentrost geradezu als die einzige Möglichkeit, *erlôst* zu werden. Damit zieht sich Walther auf die Rolle des Minnesängers zurück und löst eine gesellschaftskritische Perspektive auf. Somit bereitet er dann in diesem Lied das Lob der Herrin in den abschließenden Zeilen des Liedes vor:

> liep und lieber des enmein ich niht:
> ez ist aller liebest, daz ich meine ... (42, 27–28)

In diesen Zeilen wird ein Liebesgeständnis in der spielerischen Form einer grammatischen Steigerung dargestellt.

Das Lied weist also verschiedene Schichten auf, angefangen bei dem traditionellen Formelgut, in eleganter Variation Waltherscher Prägung: Naturvergleich, Frauenlob, der Sänger als Lehrmeister, die Allegorie der *frô Saelde*. Diese Darstellungsmomente sind aneinandergereiht und behalten ihr Eigengewicht. Auch die angedeuteten minnedialektischen Spannungen haben keine neutralisierende Funktion im Liedzusammenhang. Es ist zunächst einmal ein Moment der Diskonuität, einer unerwarteten Zusammenstellung, die in den Mittelpunkt rückt: die *rîchen* und die *jungen*. Diese unerwartete Zusammenstellung wird näher umrissen: »*die sint unbetwungen.*« Diese Zusammenstellung ergibt nur Sinn, wenn wir unter dem *unbetwungen* eine gesellschaftsbestimmende Komponente sehen. Der Zwang löst sich nur im Gedankentrost. Diese Affirmation durch die Flucht in die Minne klingt dann im Lob der Herrin aus:

> dû bist mir alleine
> vor al der welte, frowe, swaz joch mir geschiht (42, 30)

In diesem Lied kristallisiert sich also das Problem des Verzichts. Das Problem wird scheinbar gelöst in der Gedankenfreiheit, die im Dichten und der ideellen Affirmation liegt. Zwang – Verzicht – Spiel bilden die innere Bewegung des Liedes. Hier tritt Gesellschaft und Minne in ein wesentlich neues Verhältnis zueinander. Minne wird hier eine bestimmte Gesellschaftsfunktion zuerkannt, die sie als kultische Vollzugsform noch nicht haben kann: die Funktion der Verschleierung in der Gedankenfreiheit angesichts einer Erkenntnis gesellschaftlicher Gegensätze und Zwangssituationen.

Das Lied als Ganzes zeigt eine Zwiespältigkeit, die ungelöst bleibt. Der gesellschaftskritische Ansatz läßt sich nicht mehr in Einklang bringen mit der Affirmation einer ideellen Welt. Diese erscheint jetzt als Flucht, als Verschleierung und nicht mehr als eine unmittelbar aus dem Sprachvollzug gestaltete ideelle Manifestation. Das zeigt sich schon in der Sprachfunktion selbst. Einerseits haben wir noch den minnedialektischen Kontrast von *kumber* und *hôhen muot*, der im unmittelbaren Sprachvollzug geistige Spannungen schafft und konstituiert, andererseits aber haben wir im Gesellschaftszwang und im *Erlôst*-Sein eine Anspielung auf ganz bestimmte Situationen im gesellschaftlichen Leben. Die Sprachfunktion wird dabei bestimmt von der konkret erfaßbaren und unmittelbar erfahrenen Situation. Sie deutet nicht auf die in der Minnesprache geschaffene Ideen- und Begriffswirklichkeit. Im minnedialektischen Kontrast wird der Sprache noch eine normative Funktion zuerkannt, während die sprachlichen Verweise auf gesellschaftliche Konfliktsituationen eine beschreibende Funktion haben. Was sich hinter der Spannung von minnedialektischen Darstellungsmomenten einerseits und der Sprache in beschreibender Funktion gesellschaftlicher Antinomien andererseits verbirgt, ist letztlich der mittelalterlich-philosophische Konflikt zwischen Begriffsrealismus und Nominalismus. Bei Walther zeigt sich deutlich der Ansatz zur Individualperspektive und zur Erkenntnis des Besonderen. Sein psychologisch feinstimmiges Portrait des Mädchens im Lied *Under der linden* (39, 11), sein ausgeprägtes Selbstbewußtsein im Preislied (56, 14) sind die individuellen Komponenten eines sprachlichen Vorgangs in seinen Liedern: der Begriffsrealismus drückt sich auf der sprachlichen Ebene der Lyrik vor allem als Überspannung der Gegensätze aus, in der die Begriffe auf eine vorgegebene *idea ante rem* verweisen, gefestigt nicht zuletzt durch die Verbindlichkeit tradierter Darstellungsformeln. Aber gleichzeitig wird im unmittelbaren Sprachvollzug erst eine Ideenwelt evoziert. Hier liegt der Ansatz zum Nominalismus. In dem Reinmarschen Ideal, das in der Balance von *Nennen* und *Erkennen* als gleichzeitigem Prozeß der Selbst- und Wirklichkeitsgestaltung zu finden ist (lyrische Sprache als Evozierung *und* Darstellung einer ideellen Welt zugleich), haben wir vom Standpunkt der Sprachfunktion, einen modifizierten Begriffsrealismus. Die Tendenz zum Konkreten, Einmaligen (und damit auch der Anfang einer autonomen Persönlichkeitsvorstellung und einer gesellschaftskritischer Perspektive) bei Walther zeigt den Weg zum Nominalismus. Walther hat diesen Weg jedoch nicht beschritten. Ihm bleiben drei Möglichkeiten offen: 1) Flucht in den Formalismus einer dichterischen Tradition (interessant ist, daß er gerade in unserem Lied, in dem Ansätze zu gesellschaftlichen Antinomien gegeben sind, die Rückkehr zum traditionellen Frauenlob auf einer grammatikalischen Steigerung als Spiel aufbaut: liep, lieber, aller liebest); 2) Ironisierung einer nicht mehr verbindlichen Tradition (siehe unten, Kapitel: *Minne und Kunst*); 3) Rückkehr in die vorgegebenen Formen religiösen Dienstes (siehe unten, Kapitel: *Minne und Religion*).

Eine methodische Einschränkung ist zu diesen Ausführungen notwendig. Wir verstehen die philosophischen Kategorien (Realismus–Nominalismus) nicht als feststehende Bezugspunkte, die historische Prozesse oder dichterische Traditionen erklären, sondern lediglich als Beschreibung von Tendenzen, die Widersprüche innerhalb von Walthers Lyrik und den Liedern einiger seiner Zeitgenossen veranschaulichen. Es ist nämlich anzunehmen, daß das, was wir hier als die »Tendenz zum Konkreten, Einmaligen« (siehe oben) bezeichneten, nun seinerseits in ein breiteres System von Bezügen paßt, das sich strukturanalytisch entwickeln und beschreiben läßt. Hiermit würden wir jedoch den uns gesteckten Rahmen sprengen, in dem es ausschließlich um die Analyse des Minnesangs geht (um seine Grenzen und Möglichkeiten), sowie um eine spezifisch höfische Gesellschaftsschicht um 1200, in der Spiegelung ihrer Lyrik.

Wir kehren zum Anfang des Kapitels zurück und fassen zusammen: Die kultische Sprachfunktion des Minnesangs war auch im Ansatz nur möglich innerhalb einer Gesellschaftsschicht, die für ihre Wirklichkeitsgestaltung einen Ganzheitsanspruch für ihre Premissen und Normen erhebt. Die richtungsgebenden Werte können demnach im unmittelbaren Sprachvollzug gestaltet werden. Die Sprachimmanenz der gestalteten Wirklichkeit entspricht außerdem der Rolle des Minnesängers innerhalb der höfischen Gesellschaft, in der er im allgemeinen erst durch sein Singen Rechtfertigung und Anerkennung fand. Sobald die höfische Gesellschaftsschicht in einem größeren gesellschaftlichen Zusammenhang relativiert wird, stellt sich auf der Ebene der Sprachfunktion die Notwendigkeit ein, überspannende, harmonisierende Begriffe zu finden, die über die gesellschaftlichen Antinomien gestellt werden können (der Begriff der *fuoge* bei Walther). Im Lied 42, 31: Wil ab iemen wesen frô ist keine durchgängige Harmonisierung möglich. Hinter den fragmentarisch aneinandergereihten Darstellungsmomenten zeichnen sich gesellschaftliche Konfliktsituationen ab.

Gottfried von Straßburg zeigte in der Isolde Weißhand-Episode, daß das Wort nicht mehr auf eine bestimmte ideelle Wirklichkeit verweist oder diese beinhaltet (Isolde) und damit zerbrechen der gemäßigte Nominalismus und die Illusion einer durchgängigen Wirklichkeitserkenntnis und Gestaltung:

> Der gemäßigte Nominalismus, der die Realität der Ideen zwar nicht leugnet, sie aber als unzertrennbar von den Dingen der Erfahrungswirklichkeit betrachtet, ist die Grundformel des ganzen gotischen Dualismus, sowohl der Antagonismen der Wirtschafts- und Gesellschaftsstruktur als der inneren Widersprüche des künstlerischen Idealismus und Naturalismus des Zeitalters. (Arnold Hauser, *Sozialgeschichte der Kunst und Literatur*, Müenchen, 1953, I, 248–9)

Auch der Minnesang läßt sich vom Standpunkt mittelalterlicher philosophischer Kategorien als gemäßigter Nominalismus begreifen. Reinmars Unzertrennbarkeit von *Nennen* und *Erkennen* im minnesängerischen Sprachvollzug ist eine lyrische Verarbeitung dieses gemäßigten Nominalismus. Im Medium der Ich-Dichtung wird nun die Affirmation eines höfischen Idealismus (im Begriffsrealismus) perfektioniert. Der Widerspruch zwischen dichterischer Persönlichkeit und höfisch-gesellschaftlichen Normen wird nicht sichtbar, weil die besonderen Wirklichkeitsformen des Minnesangs dazu angetan sind, diesen Widerspruch zu verwandeln, spielerisch zu verschleiern, in den spiegelbildlichen Entsprechungen, die »Persönlichkeit« und »ideelle höfische Wirklichkeit« erst setzen. So wird der Minnesang als Kult zur sprachimmanenten Negation gesellschaftlicher Widersprüche. Jedoch gibt es Ansätze zum Partikularismus, von dem aus erkannt wird, daß Einzelerscheinungen ihre eigene Wirklichkeit haben und daß diese Einzelerscheinungen einander ausschließen. Die Minnesprache, in der Antinomien sichtbar werden, bekommt eine Verweisfunktion, weil sie von ihrer besonderen Struktur her nicht so angelegt ist, reale Widersprüche in einem weiter gespannten dialektischen Bezugssystem zu verarbeiten. Die Verweisfunktion jedenfalls macht den Minnesang als Kult unmöglich. Jedoch auch in entgegengesetzter Richtung zur Verweisfunktion zeigt der Minnesang einen Ansatz zur partikularisierten Auffassung der Wirklichkeit, und zwar als Reflexion des künstlerischen Vorgangs selbst. Im folgenden Kapitel wollen wir diesen Grundzug des Minnesangs näher besprechen.

In diesem Kapitel ging es vor allem um eine methodologisches Interesse, nämlich um die Gegenüberstellung von sprachimmanenten Strukturen als Gestaltungsprinzip ideeller Wirklichkeit und historischem Geschehen, das sich in gesellschaftlichen Widersprüchen niederschlägt und selbst in der Sprache und seiner Struktur sichtbar gemacht werden kann.

Kapitel III
Minne und Kunst

Wir begreifen Kunst nicht als autonomen Bereich feststehender Normen, von dem eine bestimmte Haltung gegenüber Literatur abgeleitet werden kann. Kunst ist hier vielmehr als ein methodologischer Bezugsrahmen verstanden, der es uns ermöglicht, einige Aspekte und Probleme der Struktur im Minnesang sichtbar zu machen. Der hier angedeutete Bezugsrahmen »Kunst« deutet eine Interpretationsrichtung an, die zur Bestimmung von Strukturdeterminanten eingesetzt wird. Diese wiederum lassen zwar Rückschlüsse auf Kult, Gesellschaft und Religion als historisch bestimmbare Kommunikationssysteme zu, aber bedingt und dialektisch bezogen auf den methodologischen Ausgangspunkt. Die Kategorien Minne und Kunst sind also keinesfalls als Umschreibungen für Inhalt und Form zu verstehen. Weiterhin ist kein Versuch unternommen, unter irgendwelchen Epochevorstellungen, Literatur, Malerei und Plastik in Zusammenhang zu bringen. Auch ist keine Autonomie des Künstlerischen impliziert. Wie Wolfgang Mohr schon feststellte, ist der Minnesang als Gesellschaftskunst zu verstehen und deshalb eine Trennung von höfisch stilisierter Gesellschaftsform und Minne unmöglich.

Wenn wir von Kunst reden, die im Minnesang vom kultischen, gesellschaftlichen und religiösen Bezugsrahmen unterschieden werden kann, so denken wir dabei vor allem an die Lieder, deren konstitutives Element die Trennung von Sänger und die ihn im Lied selbst manifestierende *persona* ist. Die inhaltsbestimmende Strukturdeterminante dieser Lieder ist eine Doppelschichtigkeit, eine Überlagerung von Sänger und *persona*. Sänger und *persona* (das Ich des Liedes) sind natürlich nicht identisch, wenn sie auch in der Unmittelbarkeit des Liedvortrages »zusammenkommen«. Was diese Lieder jedoch auszeichnet, ist die Reflexion der Trennung von Sänger und *persona* im Mittelpunkt des Liedes. Durch die Doppelschichtigkeit wird die Voraussetzung für eine Distanzierung des Sängers von den Mitteln der sprachlichen Gestaltung geschaffen. Diese Distanzierung wiederum hat zur Folge, daß es in diesen Liedern vor allem um die Sichtbarmachung der künstlerischen Mittel selbst geht. Wenn wir also von Kunst und dem Künstler reden, so ist damit keinesfalls ein Weg zum autonomen, modernen Künstlerbewußtsein gemeint. Noch weniger implizieren wir die Möglichkeit, daß in diesen Liedern der Künstler sozusagen aus seinen Liedern, aus seiner Sprache »herausfällt«. Auf den einfachsten historischen Nenner gebracht bedeutet dies: Kunst und künstlerisches Bewußtsein führen hier nicht zur persönlichen Konfession, sondern zum Formalismus.

An Hand von Beispielen aus den Liedern von Bernger von Horheim, Reinmar dem Alten und Rudolf von Fenis soll nun zunächst einmal diese Doppelschichtigkeit isoliert und beschrieben werden. Sie findet ihren prägnantesten Ausdruck in einigen Liedern Walthers von der Vogelweide.

Minnesang als Ausdruck einer höfischen Gesellschaftsschicht bestimmt seine verschiedenen Funktionen: in dem Minnesang als Kult werden die Normen dieser höfischen Schicht gesetzt und evoziert. Minne als Kult hat demnach eine integrative Funktion. Sie festigt die Ideologie einer Gesellschaftsschicht, die im Minnesang eine Autonomie anstrebt und eine aus sich heraus verständliche, sich selber setzende Wirklichkeit gestaltet. In dem Minnesang als Religion werden die Autonomiebestrebungen einer spezifischen Gesellschaftsschicht transzendental überhöht. Dadurch entsteht ein Widerspruch. Einerseits ist im Mittelalter jeder Anspruch auf Idealität an die vorgegebenen Formen ideeller Affirmation gebunden (auch bis hin zur Minneaffirmation als Resultat dialektischer Sprachgestaltung, etwa in den Gegensatzpaaren verdeutlicht), andererseits aber relativiert der transzendentale Bezugsrahmen das höfische Selbstverständnis. Ähnlich geht es mit dem gesellschaftkritischen Ansatz im Minnesang, durch den die gesellschaftsbedingten Widersprüche einerseits sprachlich bewältigt werden sollen, aber andererseits sich dadurch auch die Identität von sprachlicher Evozierung und gesellschaftsspezifischer, i. e. höfischer Wirklichkeit (Minne als Kult) auflöst. Im Minnesang als Kunst werden durch einen Prozeß der Sichtbarmachung der sprachlichen Formen und durch die

Demaskierung des ideellen Gehalts die Mittel von ihren Zwecken getrennt. Die Diskrepanz zwischen Mittel und Zweck zeigt sich als Sprach- und Ideenspiel. Dadurch löst sich die integrative Funktion des Minnesangs aus.

Wir müssen etwas weiter ausholen, um den Bezugspunkt der »Kunst« von dem des »Kults« zu unterscheiden. In der Morgenstern-Strophe Heinrichs von Morungen (oben, S. 23ff.) haben wir auf die besondere Verquickung von Sprache und Wirklichkeit verwiesen. Natur, Minne und Dichter konstituierten sich erst aus dem gegenseitigen Bezug, sie sind von dem Prinzip der Gegenseitigkeit, der *relatio*, bestimmt. Diese Gegenseitigkeit zwischen Naturindizien, Bild der Herrin und der *persona* des Sängers sind weder romantische Projektion, in der der Dichter sein Ich in die Natur als Stimmung hineinprojiziert, noch wird zwischen den einzelnen Darstellungsmomenten ein bewußt geknüpfter Sinnzusammenhang hergestellt. Es ist das Prinzip der Gegenseitigkeit, *relatio*, aus dem heraus die einzelnen Darstellungsmomente gestaltet werden. Es gibt hier also keine verdinglichten »Einheiten« der Wirklichkeit, die durch ein Emanationsprinzip oder durch ein Analogieverfahren verbunden sind. Das Bild des Spiegels ist hier adäquater, bei dem es jedoch nicht darauf ankommt, ob der Ursprung dessen, was sich manifestiert, im oder vor dem Spiegel zu suchen ist. Im Minnesang als »Kunst« wird der Mechanismus dieser Form von Wirklichkeitsgestaltung etwas präziser durchleuchtet, bis zu dem Punkte, wo die einzelnen Komponenten oder »Einheiten der Wirklichkeit« als solche sichtbar werden und damit der Minnesang als Kult fragwürdig wird. Dazu zwei Beispiele: ein Abgesang des Grafen Rudolf von Fenis (MF 80, 5–8) und eine Strophe aus einem Lied Reinmars des Alten (MF 180, 10–18).
Zunächst Rudolf von Fenis:

> mir ist alse dem der den boum dâ ûf stîget
> und niht hôher mác und dâ mitten belîbet
> und ouch wider komen mit nihte kan
> und alsô mit sorgen die zît hin vertrîbet.

Drei Darstellungsmomente finden wir in diesen Zeilen. Da ist zunächst einmal der Sänger selbst. Dann ist analog zu ihm die fiktive Gestalt des im Baum sitzenden Liebenden gegeben (*persona*). Dann kommt als dritter Darstellungsmoment der Raum selbst, nämlich der Baum. Es bleibt für unsere Perspektive sekundär, daß das Bild des im Baume sitzenden Menschen motivgeschichtlich vielseitig bezogen ist. Es ließe sich, zum Beispiel, die Allegorie von dem im Lebensbaum sitzenden Menschen anführen, der nach der Krone des Baumes strebt, wo er die Süße des Lebens, die *dulcita vitae* (in der Exempelliteratur)[11] wahrzunehmen glaubt und dann beim Steigen ins Fallen gerät, hinunter in den Abgrund, in dem der Baum seine Wurzel hat. Es wäre dann aufzuweisen, wie in der religiösen Allegorie die moralische Spannung (räumlich ausgestaltet als Abgrund – Hölle – Baumkrone – *dulcitia vitae*) Bewegung schafft, im Verlangen nach der Süße des Lebens und dem Fall in die Hölle. Daraus ließe sich dann einsehen, wie im Baumbild des Grafen Rudolf von Fenis der aesthetische Aspekt der süßen Schwebe des Minnenden in den Mittelpunkt rückt und ein Bild des Minnesklaven schafft. Motivgeschichtlich käme dann noch Chaucers *Merchant's Tale* hinzu, wo die Liebenden im Baum verharren, um nicht von dem am Baumstamm stehenden, mit Blindheit geschlagenen Ehemann entdeckt zu werden. Der weiteste Bogen ließe sich wohl spannen, indem man »Baum« und »Schwebe« als erotische Indizien in den verschiedensten Motivverflechtungen nachspürt. Damit hätten wir die Voraussetzungen geschaffen, vom eigentlichen Inhalt, dem Baumbild, abzukommen, um eine psychologische Tiefenstruktur zu postulieren. Aber diese Interpretationsrichtung interessiert uns in diesem Zusammenhang nicht, wenn sie uns vielleicht auch Aufschluß geben könnte zum Problem von Geschichte und Struktur.

Wenn auch Sänger, *persona* und Baumbild aufeinander bezogen sind, so kann man trotzdem zeigen, daß die Trennung von Sänger und *persona* strukturbestimmend ist, verdeutlicht in der Formulierung: »mir ist alse dem der . . .«. Diese Trennung deutet schon auf die Überlagerung von Sänger und *persona* hin, die gerade beim späten Walther von der Vogelweide die ironisierende Distanz vom Sprachvollzug der Minne schafft, etwa im Lied vom Halmmessen, in dem die differenzierte Beziehung zwischen dem Sänger und der halmmessenden, minneverfallenen *persona* hergestellt wird.

---

[11] cf. die Quellennachweise in F. Tubach, *Index Exemplorum*, *FFC* 204 (Helsinki, 1969).

Ein weiteres Beispiel für die Trennung von Sänger, *persona* und Bild haben wir in Berngers Bleilied (MF 113, 1–5). Dieses Lied ist vor allem dynamisierte Kontraststruktur, also *revocatio*. Darüber hinaus wird das Darstellungsmoment des Raumes (das Bild der Jagd) autonom, hat seine Eigengesetzlichkeit, die mit dem Sänger und der *persona* nur noch bedingt verbunden ist. Das Jagen im Wald enthält nämlich eine bestimmbare Reihe von Handlungsmöglichkeiten, die in sich geschlossen dargestellt und nur durch einen allegorischen Sprung mit der Minnesituation verknüpft werden können. Die schon von Hugo Kuhn entwickelte »Halballegorie«, um die es hier geht, verdeutlicht die Trennung zwischen Sänger, *persona*, und Raum. In der dritten Zeile des Bleiliedes von Bernger (swar ich gedenke, vil wol sprung ich dar, ... MF 113, 3) ist zwar noch die Gegenseitigkeit von *denken* und *springen* vorhanden, doch löst sich nun in dem *springen* das Jagdbild mit seinen eigengesetzlichen Momenten heraus. Es ist gerade die Eigengesetzlichkeit der Jagdhandlung, die Bernger ironisch gestaltet. Während noch in der ersten Zeile des Liedes ein deutlicher Vergleich die *persona* von ihrer Handlungsweise unterscheidet (Mir ist alle zît als ich vliegende var ... MF 113, 1), wird die *persona* mit dem im allegorischen Raum dargestellten Jagdvorgang in der sechsten und siebten Zeile identisch:

... dur daz loufe ich sô balde:
mirn mac entrínnen kein tier in dem walde ...
(MF 113, 6–7)

Wichtig ist für uns, daß die drei Darstellungsmomente (Sänger, *persona*, Jagdbild) als solche erhalten bleiben. Die Trennung macht die sich verändernde Perspektive innerhalb des Liedes möglich. Der Sänger manifestiert sich also in der Überschwenglichkeit seiner Minneaffirmation und der darauffolgenden Verneinung. Affirmation und Negation entspringen dem unmittelbaren Sprachvollzug. Hier drückt sich die Statik der kultischen Selbstgestaltung deutlich aus. Ihm passiert nichts. Er vollzieht keine innere Gefühlsbewegung, die nun im lyrischen Bild als Konfession gestaltet wird. Seine Selbstgestaltung entspringt ganz der *relatio*-Funktion, aus der sich die *revocatio* (Affirmation–Negation) konstituiert. Die »Bewegung« kommt in diese Strophe durch die Trennung von *persona* und Jagdbild. Was also diese Strophe Berngers im wesentlichen von der Morgenstern-Strophe im Lied MF

134, 14 Heinrichs von Morungen unterscheidet, ist die Trennung der drei Darstellungsmomente und besonders der daraus sich ergebende Ansatz zur Eigengesetzlichkeit in der Raumgestaltung, wie wir sie im Bild von der Jagd vorfinden.

Ein weiteres Beispiel für diese Trennung der Darstellungsmomente bietet uns eine Strophe Reinmars (wir sprechen von einer Trennung der Darstellungsmomente nur dann, wenn sie sich als inhaltsbestimmend erweist, oder besser: wenn sie als Struktur sichtbar gemacht werden kann):

> Ich bin als ein wilder valke erzogen,
> der durch sînen wilden muot als hôhe gert.
> der ist als hôh über mich geflogen
> unde muotet des er kûme wirt gewert
> unde fliuget alsô von mir hin
> unde erdienet ungewin.
> ich tumber
> lîde senden kumber,
> des ich gar schuldic bin. (MF 180, 10–18)

Auch hier ist zunächst einmal die *persona* im einfachen Vergleich zu dem Falkenlied in Beziehung gesetzt. Hier aber, noch deutlicher als in der Strophe Berngers, wird die Trennung von *persona* und Bild zum konstitutiven Element der ganzen Aussage. Der wilde Falke erhält »durch sînen wilden muot« seine eigengesetzliche Bewegung, die hier der *persona* gegenübergestellt wird: der Falke ist *hoch über ihn* hinausgeflogen (der ist als hôh über mich geflogen) und fliegt *ihm voraus* (unde fliuget alsô von mir hin). Hier wird die Trennung von *persona* und Raum, durch den Falken beinhaltet, bis zu dem Punkte konkretisiert, an dem der einleitende Vergleich »Ich bin als ein wilder valke erzogen« nicht durchgehalten werden kann und auseinanderbricht. Die Doppelschichtigkeit (ich – valke [muot]) der *persona* führt zu einer Verwirrung, da die Bezugsetzung von *ich* und *valke* ins Gegenteil umschlägt, nämlich in die Gegenüberstellung von *valke* und *ich*, ohne daß diese Veränderung der *persona* (vom Vergleich zur Gegenüberstellung) selbst als strukturbestimmend bezeichnet werden kann.

Wir versuchten an den Strophen Rudolfs, Berngers und Reinmars eine Doppelschichtigkeit (Überlagerung) nachzuweisen, die in der Morgenstern-Strophe Heinrich von Morungen nicht vorhanden ist.

Diese Überlagerung führt vom Minnesang als Kult weg. In der Überlagerung bleibt nämlich den einzelnen Darstellungsmomenten (*persona* – Raum) ihr Eigenwert erhalten.

Es könnte nun der Einwand gemacht werden, daß man ja in jedem Lied, auch in der Morgenstern-Strophe, den Sänger von der *persona* als getrennt voraussetzen kann, schon aus der schlichten Tatsache heraus, daß *persona* Schriftzeichen in einem Lied ist und einen bestimmten Stellenwert in der Gesamtstruktur des Liedes einnimmt, während Sänger sowohl der Vortragende sein kann, der im unmittelbaren Vollzug des Liedes vor einem höfischen Zuhörerkreis manifestiert wird, als auch derjenige, welcher das Lied gedichtet hat. Erst wenn die Zugehörigkeit von Sänger und *persona* und damit auch ihre Trennung zur eigentlichen Konstellation des Liedes wird, können wir von Doppelschichtigkeit (Überlagerung), also vom Minnesang als Kunst sprechen. Wir können auch von Struktur sprechen, durch die die diskreten Einheiten, in diesem Falle Sänger und *persona*, verbunden werden, wie etwa im Lied vom Halmmessen (W 65, 33):

In einem zwîvellîchen wân
was ich gesezzen, und gedâhte,
ich wolte von ir dienste gân;
wan daz ein trôst mich wider brâhte.
trôst mag ez rehte niht geheizen, owê des!
ez ist vil kûme ein kleinez troestelîn;
sô kleine, swenne ichz iu gesage, ir spottet mîn.
doch fröwet sich lützel ieman, er enwizze wes.

Mich hât ein halm gemachet frô:
er giht, ich sül genâde vinden.
ich maz daz selbe kleine strô,
als ich hie vor gesach von kinden.
nû hoeret unde merket ob siz denne tuo.
›si tuot, si entuot, si tuot, si entuot, si tuot.‹
swie dicke sô ich maz, daz ende was ie guot.
daz troestet mich: dâ hoeret geloube zuo.

Swie liep si mir von herzen sî,
sô mac ich nû doch wol erlîden
daz man ir sî ze dienste bî:
ich darf ir werben dâ niht nîden.
ichn mac, als ich erkenne, des gelouben niht
dazs ieman sanfte in zwîvel bringen müge.
mirst liep daz die getrogenen wizzen waz si trüge,
und alze lanc dazs iemer rüemic man gesiht.

Das Lied vom Halmmessen Walthers wird durch den spielerischen Bezug bestimmt, der zwischen dem Sänger, der *persona* und der Minne aufgebaut wird. Dieser spielerische Bezug gibt uns Aufschluß über die Struktur des ganzen Liedes. Diese Struktur wird im Ablauf des Liedes sichtbar und ist in den einführenden Zeilen zunächst noch nicht erkennbar. Der Sänger stellt sich als sitzend dar. Er denkt darüber nach, ob er aus ihrem Dienst gehen soll. Zwar führt diese Verbildlichung des sitzenden Sängers einen konkretisierenden Zug ein, doch ist damit eine Trennung von *persona* und Sänger in einem strukturbestimmenden Sinn noch nicht gegeben. Es ist nämlich besonders bei Walther zu bemerken, wie er sich gerne in den einleitenden Zeilen seiner Lieder in den Mittelpunkt rückt, sei es durch eine großangelegte sprachliche Geste (Ir sult sprechen willekomen: der iu maere bringet, daz bin ich), sei es im Bild (Ich saz ûf eime steine).

Der Bezug *persona*–Sänger baut sich durch eine bestimmbare Bewegung im Liede auf: (ein Trost) *mich wider brâhte* 〉 *mich hat* (ein Halm) *gemachet frô* 〉 *ich sül genâde vinden* 〉 *merket ob siz denne tuo*. Die Handlung der *persona*, nämlich das eigentliche Halmmessen, das immer wieder mit dem »si tuot« endet, einerseits und der noch als ungewiß betrachtete Ausgang des Orakels (von der Perspektive des Sängers aus) andererseits: »Nu hoeret unde merket *ob siz denne tuo*« definieren sowohl Sänger als auch *persona*. Je mehr sich Sänger und *persona* im Lied annähern, um so deutlicher wird der Trost bagatellisiert: trôst 〉 kleinez troestelîn 〉 ein halm 〉 daz selbe kleine strô. Die zusammenfassende Zeile: daz troestet mich: dâ hoeret geloube zuo bringt zunächst die Identität von Sänger und *persona* zustande (also die Identität von dem vor uns und dem Sänger sitzenden Verliebten, der im Kinderspiel vom Halmmessen seinen Trost sucht, und dem Sänger, der das Bild dieser *persona* manipuliert). Die Gleichsetzung von Sänger und *persona* im »daz troestet mich« wird nun in der darauffolgenden *revocatio* wieder relativiert: dâ hoeret geloube zuo. Dieses Lied veranschaulicht die Doppelschichtigkeit als Strukturprinzip. In den ersten drei Strophen dieses Liedes gibt es keine Darstellungsmomente, die nicht durch dieses Strukturprinzip bestimmt werden. Damit haben wir aber den ganzen Liedzusammenhang noch nicht vollständig erfaßt, denn die Spaltung von Sänger und *persona* wird bestimmt durch das Schweigen der Angebeteten. Das Spiel zwischen

Sänger und *persona* ist bestimmt durch den unmittelbaren Vortrag vor einem Kreis von Zuhörern. »Persönlichkeit« und »Dichtung« werden also erst durch ein Medium von Gesellschaftlichkeit verwirklicht: der höfische Zuhörerkreis und seine ethische Wertvorstellung von dem Ideal der Herrin.

Vom Inhalt her gesehen ergeben sich zwei einander ausschließende Interpretationsmöglichkeiten: erstens, das Lied relativiert die Minneaffirmation; zweitens, das Lied stellt eine Minneaffirmation dar, und zwar so, daß die Verniedlichung der Minneaffirmation durch das Halmmessen ja gerade das Gegenteil meint, nämlich die Suche nach einer Antwort im Kinderspielorakel als Beweis für die Stärke seines Minnebezugs zur idealisierten Herrin. Es geht uns jedoch lediglich um die Konstatierung der Doppelschichtigkeit als inhaltsbestimmende Strukturdominante, die sich aus der Spannung zwischen Sänger und *persona* ergibt. Diese Doppelschichtigkeit rückt die gesellschaftliche Minnefiktion in ein neues Licht. In der letzten Strophe und besonders in den letzten zwei Zeilen wird dieser spielerische Bezug zwischen *persona* und Sänger wieder verschleiert:

mirst liep daz die getrogenen wizzen waz si trüge,
und alze lanc dazs iemer rüemic man gesiht.

Hier verbindet der Sänger zunächst einmal die *persona* im »zwîvelichen wân« mit den durch die Minne »Getrogenen« im allgemeinen und objektiviert das Bild vom Halmmessen mit der Feststellung, daß es für die »Getrogenen« gut sei zu wissen, was sie betrügt. Hiermit differenziert er zwischen sich als Sänger und den »Getrogenen«. Er benutzt dazu die traditionelle Klage, die Herrin schon lange nicht mehr gesehen zu haben. In der Gegenüberstellung von »mirst liep daz« und »(mirst) alze lanc daz« werden die »Getrogenen« klar vom Sänger getrennt. Damit wird das Spiel zwischen *persona* und Sänger im Bild vom Halmmessen zurückgesetzt. In der letzten Strophe des Liedes löst sich die Strukturdeterminante der Doppelschichtigkeit wieder auf. Der Gegensatz von *persona* und Sänger hatte ihre Identität bestimmt. Die Doppelschichtigkeit hatte die Funktion, den Raum zu bestimmen, innerhalb dessen von einer Identität des Sängers gesprochen werden kann. In der letzten Strophe jedoch stellt sich der Sänger in den übergeordneten gesellschaftlichen Bezugsrahmen, und das Spiel zwischen *persona* und ihm hört auf. Die höfische Fiktion bleibt erhalten, weil der Durchbruch zur Frage der sängerischen Identität, wie er sich in der Doppelschichtigkeit der ersten drei Strophen des Liedes andeutet, nicht weitergeführt wird, aus dem einfachen Grund, weil die Identitätsfrage den Sänger außerhalb der spielerischen Bezugs- und Gestaltungsmöglichkeiten gar nicht interessierten.

Die im Lied vom Halmmessen angedeutete Doppelschichtigkeit Sänger–*persona* ist im Lied *Si wunderwol gemachet wîp* (W 53, 25) konsequent durchgeführt. Deshalb wählen wir dieses Lied als Modell für die Darstellung von Minnesang und Kunst. Es geht dabei um die Sichtbarmachung der Mittel zur Minneaffirmation als Kern des ganzen Liedes.

Diese Sichtbarmachung der Mittel zur Selbstdarstellung ist jedoch nicht nur aus dem Minnesang heraus zu erklären, sondern ist beeinflußt vom mittelalterlichen Verständnis der menschlichen Psychologie, ja gerade in einer Dichtung, in der von einem wie auch immer verstandenen und organisierten *Ich* ausgegangen wird:

Ich trage inme herzen eine swaere
von ir die ich lâzen niht enmac (112, 23–4)

Die Minnesprache »objektiviert« von vornherein jede Form von Selbstdarstellung. Sobald der Sänger zwischen den verschiedenen Beschaffenheiten seiner Gefühle unterscheidet, dann werden diese Beschaffenheiten konkretisiert. Sie werden verstanden als in sich geschlossene, fast autonome Einheiten, mit denen der Sänger sich befaßt. Diese Tatsache läßt sich nicht ausschließlich aus der Tradition der Allegorie erklären, in der psychologische Eigenschaften als objektiv verstandene, verdinglichte Einheit gesetzt werden (Prudentius). Die »Persönlichkeit« ist nicht letzter Bezugspunkt, sondern vielmehr die psychologischen Kategorien, aus denen sich die Persönlichkeit erst konstituiert. Diese psychologischen Kategorien scheinen als »Ideen« ihre eigene Existenz zu haben. Wenn also Walther sagt: »Ich trage inme herzen eine swaere«, so geht die neuhochdeutsche Übersetzung »Mir ist schwer zumute« an dem Realitätsgehalt der mittelhochdeutschen Aussage vorbei. »Die Schwere im Herzen tragen« ist viel objektiver und konkreter zu verstehen, als wir es vom modernen Selbstverständnis her annehmen möchten. Die Schwierigkeit läßt sich nicht einfach aus dem Wege räumen, wenn man die Aussage als Metapher sieht. Anders gesagt: hier wird keine Wahrheit durch ein Bild gesagt. Auch wird hier kein

Bild genommen, welches auf eine Wahrheit hindeutet. Das Bild wird als die Wahrheit selbst betrachtet. Diese Bildwahrheit ist besonders im Kreuzzugsglied Friedrichs von Hausen deutlich gemacht, wo es um die Darstellung einer inneren Konfliktsituation geht:

> Mîn herze und mîn lîp diu wellent scheiden,
> diu mit ein ander varnt nu mange zît. (MF 47, 9–10)

Der Konflikt im fiktiven Ich setzt sich zusammen aus der Gegenüberstellung von *herze* und *lîp*. Hier führt die Autonomie der psychologischen Kategorien zur Eigenständigkeit des Bildes von zwei miteinander reisenden Vaganten: »diu mit ein ander varnt nu mange zît.« Mit der Vorstellung der Eigenständigkeit psychologischer Kategorien schleicht sich jedoch ein modernes Verständnis von Autonomie ein, das jedoch aus dem mittelalterlichen Kontext heraus modifiziert werden muß. Es geht nicht an, von der Autonomie von Teilen zu sprechen, die dann durch einen wie auch immer gearteten Mechanismus verbunden werden, etwa durch die Manipulation des Sängers. Wir können also von keinem mechanistischen Integrationsprinzip reden. Was eben über dem fiktiven Ich und den psychologischen Kategorien steht, sind die Formen eines höfischen Rituals, das sich in der Verbindung von fiktivem Ich und psychologischen Kategorien als Formen einer höfischen Wirklichkeitsgestaltung kristallisiert. Es ist das Prinzip eines verbindlichen Spiels, welches die Doppelschichtigkeit von Sänger und *persona* bestimmt.

Wir müssen also unterscheiden zwischen Sichtbarmachung der Mittel zur Minneaffirmation einerseits und der Sichtbarmachung psychologischer Kategorien andererseits. Unter den Liedern Walthers – besonders des alten Walthers – gibt es jedoch Beispiele, in denen diese zwei Formen der Sichtbarmachung verschmolzen sind. Wenn wir also von der Sichtbarmachung der Mittel zur Minneaffirmation sprechen, so beziehen wir uns auf eine ganz spezifische Erscheinung im Minnesang und nicht auf allgemeine, mittelalterliche Konkretisierung psychologischer Kategorien.

Si wunderwol gemacht wîp (W 53, 25):

> 53,25 Si wunderwol gemachet wîp,
> daz mir noch werde ir habedanc!
> 53,27 ich setze ir minneclîchen lîp
> vil werde in mînen hôhen sanc.
> gern ich in allen dienen sol:
> 30 doch hân ich mir dise ûz erkorn.

ein ander weiz die sînen wol:
die lob er âne mînen zorn;
hab ime wîs unde wort
mit mir gemeine: lob ich hie, sô lob er dort.

54, 27 Ir houbet ist sô wünnenrîch,
als ez mîn himel welle sîn.
wem solde ez anders sîn gelîch?
30 ez hât ouch himeleschen schîn.
dâ liuhtent zwêne sternen abe,
dâ müeze ich mich noch inne ersehen,
daz si mirs alsô nâhen habe!
sô mac ein wunder wol geschehen:
35 ich junge, und tuot si daz,
und wirt mir gernden siechen seneder sühte baz.

53, 35 Got hât ir wengel hôhen flîz,
er streich sô tiure varwe dar,
sô reine rôt, sô reine wîz,
hie roeseloht, dort liljenvar.
54, 1 ob ichz vor sünden tar gesagen,
sô saehe ichs iemer gerner an
54, 3 dan himel oder himelwagen.
owê waz lob ich tumber man?
5 mach ich si mir ze hêr,
vil lîhte wirt mîns mundes lop mîns herzen sêr.

Sie hât ein küssen, daz ist rôt:
gewünne ich daz für mînen munt,
sô stüende ich ûf von dirre nôt
10 unt waere ouch iemer mê gesunt.
swâ si daz an ir wengel legt,
dâ waere ich gerne nâhen bî:
ez smecket, sô manz iender regt,
alsam ez vollez balsmen sî.
15 daz sol si lîhen mir:
swie dicke sô siz wider wil, sô gibe ichz ir.

Ir kel, ir hende, ietweder fuoz,
daz ist ze wunsche wol getân.
ob ich da enzwischen loben muoz,
20 sô waene ich mê beschowet hân.
ich hete ungerne ›decke blôz!‹
gerüefet, do ich si nacket sach.
si sach mich niht, dô si mich schôz,
54, 24 daz mich noch sticht als ez dô stach,
25 swann ich der lieben stat
gedenke, dâ si reine ûz einem bade trat.

Was das Lied im wesentlichen bestimmt, ist die Evozierung des Minneideals, in der geliebten Herrin, durch die Sprache. Walther entwickelt in diesem Lied einen hohen Grad an Reflexion über die Mittel der sprachlichen Evozierung. Der handwerkliche Aspekt mittelalterlicher Lyrik wird bewußt reflektiert und somit problematisiert. Die ersten Zeilen lassen zunächst noch keine Schlüsse zu, in welchem Bedeutungs- und Funktionszusammenhang *wîp* zu verstehen ist. Jedenfalls kann von vorneherein nicht einfach von der Bezeichnung *wîp* als Funktion der künstlerischen Darstellungsmittel gesprochen werden.

In der dritten und vierten Zeile wird das »machen« schon etwas deutlicher umrissen. Im wunderwol *gemachet* wîp ist noch nicht festzustellen, ob er unter »machen« eben das Dichten meint, oder daß das *wîp* eben von Gott so »wunderwol« geschaffen worden war. Hier aber wird eine ausgeprägte Konkretisierung des künstlerischen Schaffens gegeben:

> ich setze ir minneclîchen lîp
> vil werde in mînen hôhen sanc.

Wenn auch der Inhalt auf die einfache, neuhochdeutsche Übersetzung gebracht werden kann: »ich besinge sie«, so ist jedoch in der spezifischen Formulierung, die uns Walther hier gibt, der minnesängerische Prozeß der Überhöhung der Herrin konkretisiert im »Hineinstellen« der Herrin in seinen *hohen sanc*. Dieser Moment der Überhöhung wird dann im Verlaufe des Liedes zur Höhe, an der der Sänger sich mißt. Wenn Heinrich von Morungen etwa sagt: »In sô hôe swebender wunne // sô gestuont mîn herze an fröiden nie« (MF 125, 19–20), so ist die angesprochene Höhe von der minnesängerischen Überhöhung nicht zu trennen (siehe oben, S. 28ff.). Raumgestaltung (besonders als *hôh* und *nider*, in ethischer Funktion) ist zugleich Darstellung eines fiktiven Gefühlszustandes. Bei Walther jedoch wird diese Überhöhung im Verlaufe des Liedes als Resultat bewußten, künstlerischen Machens ironisch reflektiert, wenn er zum Beispiel die Beschreibung ihrer Schönheit übertreibt: »Ir houbet ist sô wünnenrîch« und dann die Übertreibung ironisiert. Sie ist sein »himel« und strahlt ihren »himeleschen schîn« auf ihn herunter. Doch hier setzt nun die erste *revocatio* ein. Im Metapher ihrer Augen (zwêne sterne):

dâ liuhtent zwêne sternen abe,
dâ müeze ich mich noch inne ersehen:
daz si mirs alsô nâhen habe!

bringt sich der Sänger seiner angebeteten Herrin näher: er möchte sie so nahe bei sich haben, daß er sich im Spiegel ihrer Augen sehen kann. Der Wille des Sängers nach Vereinigung mit der Herrin läuft also dem minnesängerischen Lob entgegen, durch das er sie unerreichbar über sich hinaus erhöht. Dieser Widerspruch von Lob und Wille ist traditionell, am deutlichsten etwa in der Formel »den kumber hân ich mir selber getan« ausgesprochen. Walthers Formulierung unterscheidet sich jedoch von der traditionellen Handhabe dieser Selbstdarstellungsformel durch zwei wesentliche Momente:

1) Die Formulierung ist strukturbestimmend: das ganze Lied konstituiert sich aus der Überhöhung und der *revocatio*. Alle Darstellungseinheiten in diesem Lied ordnen sich dieser Gliederung von Affirmation und *revocatio* unter. Gewöhnlich ist diese Darstellungformel (inhaltlich gesehen als Gegenüberstellung von Wille und Lob) ein Glied in einer Kette von aneinandergereihten Darstellungsformeln, die zwar alle aufeinander bezogen sein können, die im wesentlichen jedoch von einem additiven Kohäsionsprinzip bestimmt werden.

2) Die Formulierung wird in den Bildern auf besondere Weise konkretisiert: die Überhöhung und die darauffolgende Annäherung des Sängers an die Herrin wird übertrieben formuliert, und somit ist der Vorgang der Verbildlichung selbst der Inhalt des Liedes, oder anders gesagt, es geht, wie schon oben erwähnt, um die Sichtbarmachung des künstlerischen Aktes.

Daraus ergibt sich folgendes Resultat für das ganze Lied: einerseits konstituiert sich die Distanz zwischen Sänger und *persona* als wesentliches Moment, andererseits fällt aber Inhalt und Struktur in der Sichtbarmachung künstlerischer Mittel zusammen.

Wesentlich für die Struktur der ersten beiden Strophen ist nun der Kontrast, der sich aus dem Bezug von »ich setze ir minneclîchen lîp // vil werde in mînen hôhen sanc« (in der ersten Strophe) und »daz si mirs alsô nâhen habe« (in der zweiten Strophe) ergibt. Hiermit läßt sich der angedeutete Zusammenhang von Sänger–*persona*–Struktur–Inhalt auf folgende Weise weiter umschreiben: der Schlüssel zur Liedstruktur liegt in der Doppelfunktion vom *machen* als künstlerischem

Prozeß. Die Minnefiktion tritt in den Hintergrund zugunsten der Mittel, die sie ermöglichen. (In diesem Zusammenhang ist noch erwähnenswert, daß gerade dieses Lied einen zunftmäßigen Hinweis auf »wort« und »wîs«, 53, 33, enthält und mit einer literarischen Fehde endet).

Zur näheren Bestimmung der Doppelfunktion von *machen* noch einmal die Eingangszeile des Liedes: Si wunderwol gemachet wîp. Diese Zeile wird dann in dem darauffolgenden »ich setze ir minneclîchen lîp // vil werde in mînen hôhen sanc« ausgebaut. Hier hat *machen*, wie schon angedeutet, die Funktion der Überhöhung durch die sprachliche Formulierung selbst, in der die Herrin »in den hohen Sang«, einer Statue gleich, gesetzt wird. In der dritten Strophe wird dann dieses *machen* zum Problem:

> mach ich si mir ze hêr,
> vil lîhte wirt mîns mundes lop mîns herzen sêr.

Somit wird nun diese anfängliche Überhöhung zurückgenommen.

In der vierten Strophe führt Walther das *double entendre* von Kissen–Küssen ein. Die weitere Annäherung des Sängers an die Herrin ist in die Beschreibung ihrer Schönheit eingebettet, die uns Walther in der dritten und fünften Strophe gibt. Die Beschreibung folgt den rhetorischen Handbüchern des 12. Jahrhunderts. Während in der dritten Strophe noch von der kostbaren »varwe« gesprochen wird, die Gott auf »ir wengel« streicht, so hat der Verweis in der vierten Strophe auf »ein küssen, daz ist rôt« einen erotischen Ton. Das »reine rôt« der dritten Strophe wird zum Rot, das den Sänger an die Geliebte bindet. In der fünften Strophe wird die Erotik der Beschreibung noch deutlicher, bis hin zur Verschleierung und Anspielung des Sexuellen:

> ob ich da enzwischen loben muoz,
> sô waene ich mê beschowet hân,

um dann im verschlüsselten Verweis auf Reinmar den Alten eine sprachlich komplexe und indirekte Darstellung des nackten Frauenkörpers zu geben.[12] Es geht dabei keineswegs um den klassischen Moment in der mittelalterlichen Körperdarstellung, wie Burdach meinte, im Zusammenhang mit den allegorischen Figuren der *Ecclesia* und *Synagoge* im Bamberger Dom. Burdachs Konstatierung eines klassi-

---

[12] zu diesem Lied im Zusammenhang mit der Reinmar–Walther-Fehde, Carl v. Kraus, *op. cit.*, S. 193ff.

schen Moments ist nur durch die Herausnahme der Frauendarstellung aus einem Kontext möglich. Bei den Kirchenfiguren wird somit ihre allegorische Funktion zurückgestellt (siehe unten, S. 100ff.), bei dem *wîp* in Walthers Lied wird als Inhalt vom Prozeß der Sichtbarmachung künstlerischer Mittel herausgelöst. Erst die spezifischen Bezüge jedoch schaffen den Inhalt der verschiedenen Darstellungseinheiten. Es geht also nicht um das Herausstellen von Inhalten, sondern um die Erschließung von Zusammenhängen ritueller, kultischer, gesellschaftlicher oder künstlerischer Art auf Grund einer strukturalistischen Fragestellung.

Wenn wir in diesem Lied von einer Entwicklung sprechen können, so geht es nicht primär um die Entschleierung der Frau. Das Lied ist also keine Abkehr vom »hôhen sanc«. Andererseits aber ist dieses Lied auch nicht als Affirmation des »hôhen sanc« zu verstehen, als Rückkehr zur hohen Minne. »Entwicklung« liegt nicht im Inhalt selbst: Entschleierung oder Überhöhung der Frau, sondern im sichtbar gemachten künstlerischen Vorgang als eigentlicher Inhalt. Durch diesen Ansatz zur Autonomie der künstlerischen Handhabe vollendet sich der Minnesang als gesellschaftliche Kunst, als Spiel im Rahmen der höfischen Gesellschaft, löst aber damit auch die direkt angesprochene Unterscheidung zwischen hoher und niederer Minne auf oder rückt sie zumindest in den Hintergrund. Hier läßt sich eine Parallele zu Gottfried von Straßburg ziehen, bei dem die Identifizierung von Minne und Kunst sowohl gesellschaftliche Normen (verkörpert im König Mark) als auch religiöse Werte neutralisiert. Gesellschaft ordnet sich auch bei ihm der Konsequenz künstlerischer Handhabe unter.

Wenn wir von Neuansätzen im Minnesang sprechen, in denen die kultische Funktion und auch der handwerkliche Aspekt zurücktreten, so ist es im Bereich der Minne als Kunst zu finden. Minnesang in kultischer Funktion läßt drei Formen der Veränderung im gegebenen Rahmen zu: Addition, Intensivierung und Variation. Minnesang in seinem realen Bezug zur Gesellschaft verdeckt zum größten Teil Konfliktsituationen. Der sprachliche Vollzug der Minnedialektik verschleiert oder ignoriert Gesellschaftskonflikte. Neuansätze, die auf gesellschaftskritischer Einsicht beruhen, bleiben ohne Konsequenz im Raum stehen. Die Sichtbarmachung der künstlerischen Mittel jedoch bringt Neuansätze: erstens in der Sichtbarmachung künstlerischer Mittel als Ausdruck von individualpsychologischen Momenten: die Mädchenpsychologie in Walthers *Under der linden* (39, 11); zweitens in der Gestik als Vortragsmodus und Rollendarstellung in Reinmars Botenlied *Lieber bote, nu wirp alsô* (MF 178, 1); in der Sichtbarmachung einer minnedialektischen Mechanik in der Sprache des *Tristan* Gottfrieds von Straßburg.

Under der linden (W 39, 11):

Ein Neuansatz ist in dem individualpsychologischen Moment der letzten Strophe gegeben. Es wird durch eine subtile Handhabe von Rhythmus und Zeilensprung erreicht:

Daz er bî mir laege,
wessez iemen
(nu enwelle got!), sô schamt ich mich.
wes er mit mir pflaege,
niemer niemen
bevinde daz, wan er unt ich,
und ein kleinez vogellîn:
tandaradei;
daz mac wol getriuwe sîn. (W 40, 10–18)

In dieser letzten Strophe läßt Walther das Mädchen schwanken zwischen schüchternem Bekennen und zögerndem Zurückhalten. Diese Gefühlsbewegung wird besonders im Übergang von der sechsten zur siebten Zeile deutlich. Von der Reimstruktur her sind die letzten drei Zeilen abgesetzt. Auch inhaltlich ist ein neuer Ansatz in den Schlußzeilen jeder der Strophen zu bemerken. In der letzten Strophe fällt dieser inhaltliche Neuansatz aus. Dies führt zu einer der profiliertesten Gefühlsdarstellungen im Minnesang überhaupt. Das Mädchen stellt in der sechsten Zeile fest, wer nun von dem Stelldichein weiß, nämlich sie selber und ihr Geliebter, und damit scheint inhaltlich und formell der Abschluß gemacht. Doch hier springt der Gedanke des Mädchens weiter, überspringt die formelle und inhaltliche Abrundung und stellt fest, erinnert sich plötzlich daran, daß ja auch das *vogellîn* von ihrem Geheimnis weiß. Dies ist eigentlich Anlaß zur Beunruhigung, denn dadurch ist der Kreis der Eingeweihten größer geworden. Sodann aber beruhigt sich das Mädchen wieder, indem es von dem *vogellîn* sagt: »daz mac wol getriuwe sîn.« Das Geheimnis ist in diesem Lied enthüllt und verschwiegen zugleich. Es ist dieses *enjambement* in der letzten Strophe, das Walther von dem Gefühlsreflex des Mädchens her bestimmt, oder besser die Variation im Bereich des Formalen fällt zusammen mit der Gemütsbewegung des dargestellten Mädchens Diese subtile Gefühlsbewegung des Mädchens entwickelt Walther auch schon in der ersten Strophe, wo ein Schwanken zwischen zögerndem Bekennen und scheuer Verschleierung dargestellt wird. Zunächst scheint dort nämlich das Mädchen ganz genau sagen zu wollen, wo das Stelldichein nun eigentlich stattgefunden hat: »Under der linden, // an der heide«, und bestimmt sogar noch etwas näher, wie das Plätzchen nun aussieht: »gebrochen bluomen unde gras«, um danach die spezifische Andeutung in einer Verallgemeinerung wieder zu verschleiern: »vor dem walde in einem tal.« Wo mag das nun sein? Das Stelldichein liegt eben im *undique* der mittellateinischen Liebes- und Naturlyrik: amor volat undique. Dieses bestimmte Festlegen und die darauffolgende Verschleierung macht den Zuhörerkreis zu einem Teil des Liedes. Der Zuhörerkreis wird von dem Mädchen ans Stelldichein-Plätzchen geführt, aber nicht ganz, denn der Sänger verweist die Zuhörer auf das *undique*, auf das Überall und Nirgendwo der Liebesvereinigung.

So spielt und verführt Walther nicht nur seine Zuhörer, sondern auch das Mädchen selbst, das sich als *hêre frowe* höfisch empfangen fühlt. Das Mädchen wiederum spielt mit den Zuhörern in dem verschleiernden Enthüllen und in der enthüllenden Verschleierung. Es ist jedoch vor allem das Durchbrechen formaler Kriterien, durch den verzögernden Rhythmus und durch den Zeilensprung in der letzten Strophe, das einen individualpsychologischen Moment erzeugt. Es geht hier aber nicht um Durchbrechen – oder Variation – formaler Kriterien, die zu einer Affirmation individualpsychologischer Darstellung führen, sondern vielmehr darum, daß die Handhabung künstlerischer Mittel, ihre Sichtbarmachung, einer Darstellung individualpsychologischer Momente gleichzusetzen ist. Interessant dabei ist weiterhin, daß dieser individualpsychologische Moment nicht durch Verinnerlichung erreicht wird, also keine Durchleuchtung eines privaten Seelenlebens darstellt – also nichts mit Lyrik als Konfession zu tun hat –, sondern, ganz im Gegenteil, Resultat eines objektivierenden Prozesses ist, in dem eine gewisse Distanz des Sängers von den ihm zur Verfügung stehenden Mitteln vorausgesetzt werden muß. Es ist hier also das Strukturprinzip der Doppelschichtigkeit, welches bestimmend wird, und zwar indem die Distanz und der spielerische Bezug zwischen Sänger und *persona*, zwischen Sänger und den Zuhörern, oder zwischen der *persona* und den Nichteingeweihten im Mittelpunkt steht. Es ist demnach kein Widerspruch, wenn es gerade in einem Lied, das die Sichtbarmachung der künstlerischen Mittel der Selbstdarstellung zum Kern hat, um ein fiktives Privatgeheimnis geht.

Lieber bote, nu wirp alsô (MF 178, 1):

Ohne hier eine eingehende Analyse des Botenliedes zu geben, wollen wir uns auf einige Beobachtungen beschränken, die den Minnesang als Kunst weiter beleuchten. Das ganze Lied baut sich auf in der gegensätzlichen Spannung, die in der ersten und letzten Strophe verankert ist:

> Lieber bote, nu wirp alsô,
> sich in schiere und sage im daz (MF 178, 1–2)

und am Schluß des Liedes:

> dune sólt im nimmer niht verjehen
> alles des ich dir gesage. (MF 179, 1–2)

Hier haben wir zunächst ein Beispiel für die traditionelle Minnethematik vom *sprechen* und *swîgen*, die uns vor allem aus Walthers *Under der linden* bekannt ist. Enthüllung und Verschleierung des Geheimnisses bilden den Inhalt des Liedes. Hier wird ganz deutlich, daß eigentlich im ganzen Lied nichts »passiert«, also der Ablauf einer privaten Konfession, die Offenbarung eines verschwiegenen Herzens nicht vorliegt. Die innere Struktur des Liedes vollzieht sich auf drei aufeinander bezogenen Ebenen:

1) die *persona*, die hier zum Boten spricht (also die Herrin) wird erst in dem Gegensatz von *swîgen* und *sprechen* konstituiert. *Swîgen* und *sprechen* sind also nicht wesentlich der Herrin zukommende Eigenschaften, sondern sie tragen den eigentlichen Schwerpunkt in sich selber, oder genauer: die Gegensatzstruktur, mit den Variationsmöglichkeiten durch die sechs Strophen des ganzen Liedes hindurch, wird sichtbar gemacht. Die *persona* bleibt ein statisches Prinzip, das selbst im Lied nichts »bewegt«. Die Sichtbarmachung der begrifflich festgelegten Bezüge bildet den eigentlichen Vorgang. Hier zeigt sich ganz deutlich, wie Minneidealität (und bei der Darstellung der Herrin geht es ja darum) durch die sprachimmanente, binare Struktur aufgebaut wird;

2) die *Vortragsform* bestimmt, daß das Lied zwar gesungen wird, aber daß es sich im Singen des Liedes wieder negiert. Singen und die dazugehörende *revocatio* der Mitteilung, also die Zurücknahme des Gesanges, gibt uns eine weitere Variante zur bezogenen Gegensätzlichkeit, die dieses reizvolle Gesellschaftsspiel deutlich macht;
3) der Bezug von Sänger zu der im Lied sprechenden *persona* ist wohl die wesentliche Strukturdeterminante des Liedes. Das Geheimnis wird eigentlich von dem vorgetragen, vor dem es die Herrin verschweigen will. Er trägt von dem Bezugsrahmen der Vortragsform aus gesehen eine Maske: er weiß nichts von ihrer heimlichen Liebe. Man könnte jedoch zu dem falschen Schluß kommen, es handele sich um eine subtile Form eines *monologue intérieure*. Nichts liegt dem Lied ferner. Es gibt keine Identität von Personen. Im Vortrag ist derjenige anwesend, dem die Botschaft gilt. Im Inhalt selbst erscheint er nicht. Die *persona* ihrerseits ist abwesend, vom Standpunkt des Vortrags aus gesehen, aber im Inhalt ist sie die eigentliche Sprecherin. Hier ist der spielerische Bezug von Sänger und *persona* bis zur letzten Konsequenz ausgestaltet. Wir sehen, wie Reinmar durch die Art und Weise kultischer Gestaltungsmöglichkeiten eine Identität der Personen durch den gegenseitigen Bezug schafft. Diese kultischen Vollzugsformen werden aber aufgehoben, und zwar durch die Sichtbarmachung ihres inneren Aufbaus als sprachlich-gesellschaftliches Spiel. Der Sänger tritt als Manipulator der künstlerischen Mittel der Selbstdarstellung in den Mittelpunkt des Liedes. Somit rückt Reinmars Botenlied an die Grenze des Minnesangs als Kult. Der strengen äußerlichen Form des Liedes steht nun eine vielseitige Flexibilität der Bezugsmöglichkeiten entgegen, die durch die Doppelschichtigkeit des Liedes auf den verschiedenen Strukturebenen bestimmt wird.

Die Sichtbarmachung der Sprachmechanik im Tristan Gottfrieds von Straßburg.

Betrachten wir die Formulierung Gottfrieds

Tristan, Isolt,
Isolt, Tristan
ein man, ein wîp
ein wîp, ein man

so wird hier in der sprachlichen Verquickung die unumgängliche Vereinigung der Minnenden veranschaulicht. Es ist gerade der Versuch, die Identität der Beiden in der sprachlichen Veranschaulichung konsequent darzustellen, durch die spiegelbildliche Beziehung der Namen zueinander, der auch gleichzeitig die polare Spannung zwischen Tristan und Isolde sichtbar macht. Oder umgekehrt, es ist die wesentliche Zuordnung der Pole zueinander, die ihnen erst ihre Wirklichkeit gibt. Darüber hinaus aber ist bei dem Sprachkünstler Gottfried nicht aus dem Auge zu verlieren, daß es um mehr als nur ein sprachliches Erfassen einer hinter der Sprache sichtbar werdenden magischen Leidenschaft geht. So sehr Gottfried sich um das Geschick seiner Minnenden bemüht, so ist es doch kein Bemühen um den unaussprechlichen Kern einer Leidenschaft, weil eben dieser »Kern« als letzter Bezugspunkt gar nicht besteht. Die Minne bleibt das, was sie als polare Spannung im sprachlichen Vorgang manifestiert. Die Intensität der Fragestellung findet keinen »befreienden« Verweis auf einen transzendentalen Bezugsrahmen, sondern sie zieht sich vielmehr zusammen bis hin zur abstrakt verdichteten Sprachformel.

Wir haben im zweiten Kapitel (Minne und Gesellschaft) auf eine Sprachkrise verwiesen, die sich dadurch äußert, daß gesellschaftliche Gegensätze nicht mehr im dialektischen Aufbau der Minnekonzeption und ihrer Darstellungsformen bewältigt werden können. Bei Gottfried konnten wir zeigen, daß an einer entscheidenden Stelle seines Werks (siehe oben, S. 47) Sprache und evozierte Wirklichkeit auseinanderfallen. Bei diesem Auseinanderfallen haben wir den Nachdruck darauf gelegt, daß die gesellschaftlichen Gegensätze durch Sprache sich nicht mehr bewältigen lassen. Diese Trennung von Sprache und Wirklichkeit führt zu einer Autonomie der sprachlichen Evozierungen. Die Form der künstlerischen Darstellung und die Minnekonzeption bedingen sich bei Gottfried, wie oben schon angedeutet (*loc. cit.*). Sie bedingen sich auf eine besondere Weise. Die Liebe zwischen Tristan und Isolde verabsolutiert sich in dem Maße, wie ihr ein gesellschaftlicher und religiöser Kontext abgeht, oder besser: der gesellschaftliche und religiöse Kontext treten auf Grund der sich verabsolutisierenden Minne zurück. Die Intensität der Liebe ergibt sich aus der in ihr angestrebten Autonomie. (Methodisch gesehen ist es dabei sekundär, ob wir diesen Vorgang strukturell oder psychologisch erklären. Diese Unterscheidung hat hier nur geringen heuristischen Wert.)

Wichtig scheint, daß Gottfried die Liebenden in die Spannung zwischen autonomen Liebesanspruch und Gesellschaft stellt. Ihr Leben am Hofe bedingt schon ihre Flucht in die Isolation. Ihre Isolation bedingt schon ihre Rückkehr zum Hof. Die Liebesvereinigung im Garten (18115ff.) bringt ihnen nicht nur Erfüllung, sondern ist auch gleichzeitig so angelegt, daß Entdeckung (und deshalb Verbannung vom Hof durch König Mark) notwendig daraus erfolgen muß. So schließen sich zwar autonomes Liebeserlebnis einerseits und Hofleben andererseits aus, aber sie sind aufeinander bezogen. Ohne diese Wechselseitigkeit, ohne diesen Bezug, ist das Streben nach autonomer Liebesvereinigung innerhalb des Werks sinnlos. Andererseits aber ist dieser wechselseitige Bezug von einer inneren Notwendigkeit bis zu dem Grade bestimmt, wo wir von einer Mechanik sprechen können, die die Leidenschaft der beiden bestimmt oder sie eigentlich erst konstituiert. Über diese Tatsache kann weder der Ausweg im exemplarischen Leiden der Märtyrer hinwegtäuschen noch der Nachdruck auf künstlerische Gestaltung als eigentliches, gesellschaftliches Anliegen des Dichters. Diese Mechanik in dem Vollzug der Leidenschaft entspricht auch der Mechanik der sprachlichen Bezüge. Wie sehr es nämlich darum geht, die Intensität der Liebe im Tristan–Isolt–Isolt–Tristan zu veranschaulichen, um so deutlicher tritt die intensive Konkretisierung der sprachlichen Vorgänge zutage. Der sprachliche Doppelbezug bei Gottfried stellt sich selber dar wie die Leidenschaft der Minnenden, mit dem er verquickt ist.

So macht nun bei Gottfried von Straßburg die konsequente Weiterführung sprachlicher Gegensatzformen eine Mechanik deutlich, sowohl in der Darstellungsweise als auch in der inhaltlichen Repräsentation der Leidenschaft. Das sprachlich geschlossene System der Minnedialektik wird durch die Sichtbarmachung ihrer Bedingungen in Frage gestellt.

Wir wollen nun abschließend die religiöse Affirmation des alten Walthers von der Vogelweide vom Standpunkt des Minnesangs als Kunst besprechen, ehe wir uns im letzten Kapitel dem Problem Minnesang und Religion zuwenden.

Es ist bekannt, daß in den späten Liedern Walthers vor allem die Rückkehr zur Religion und eine Abwendung vom Minnesang als Dienst am Diesseitigen wichtig ist. Er greift dabei auf einen traditionellen religiösen Bezugsrahmen zurück, der den Menschen erklärt und seine Welt bestimmt. Drei Schwerpunkte füllen diesen Bezugsrahmen aus:

1) Das Thema der Vergänglichkeit alles Irdischen:

> swaz dû mir gîst, daz nimest dû mir (67, 9)

2) Der absolute Widerspruch zwischen Diesseitigkeit und Jenseitigkeit:

> lobe ich des lîbes minne, deis der sêle leit (W 67, 24)

3) »Autonomie« und Abstrahierung des Irdischen:

> mîn bilde, ob ich bekerkelt bin
> in dir, sô lâ mich ûz alsô
> daz wir ein ander vinden frô:
> wan ich muoz aber wider in. (W 68, 4–7)

In den späten Liedern Walthers wird rückblickend der Minnesang abgewertet. Die Darstellung eines differenzierten Lebens in der Kunst kehrt in ihr Gegenteil um. Gegen eine differenzierte Aussage in der Wirklichkeitsgestaltung richtet sich sein übergreifendes »schoenez bild« (W 67, 32), zu dem er jetzt nur noch Bezug hat als persönliche, jedoch nicht weiter differenzierbare Wahl, sich diesem Bild unterzuordnen oder sich von ihm zu befreien. Dahinter verbirgt sich aber nicht nur ein religiöses, sondern auch ein künstlerisches Problem. Im späten Walther zeigt sich nämlich eine Reduzierung des Minnesangs auf umspannende, abstrahierende, begrifflich fixierte Verweise. Hier gilt zunächst das schon erwähnte »schoenez bild«, in dem sich die Vielseitigkeit der Welt und Sprache des Minnesängers auf ein religiöses Problem zusammenzieht. Es wäre falsch, von einer verdichteten Formulierung zu sprechen, die nun etwa gleichnishaft die Vielseitigkeit des Lebens aufzuschließen vermag. Das Gegenteil ist der Fall. Diese Verdichtung ist eine *reductio*, die eine Entscheidung zum religiösen Dienst vorbereitet. Die umfassendste Abstraktion von Walthers künstlerischer Tätigkeit finden wir in seiner Formulierung *mîn minnesanc*:

> wol vierzec jâr hab ich gesungen oder mê
> von minnen und als iemen sol.
> dô was ichs mit den andern geil:
> nu enwirt mirs niht, ez wirt iu gar.
> mîn minnesanc der diene iu dar,
> und iuwer hulde sî mîn teil. (W 66, 27–32)

Hiermit entfallen die Formen einer Wirklichkeitsgestaltung, die durch einen generativen Sprachprozeß hervorgebracht worden sind, bestimmt von den gesellschaftlichen Spielregeln und dem höfischen Ritual. Diese Formen entfallen, weil nun feststehende religiöse Bezugspunkte gegeben sind, auf die die Sprache zu verweisen hat. (Daß nun die religiösen Bezugspunkte ihrerseits Resultat eines sprachlich bedingten Aufbaus von Kultur, d. h. Bedeutungszusammenhängen sind, interessiert uns in diesem Kontext nicht.)

So zeigt sich nun in der Altersdichtung Walthers immer wieder diese bis zur Formel verdichtete Überspannung der minnesängerischen Welt, wie etwa – um nur ein weiteres Beispiel zu nennen – in seinem Lied Bî den liuten nieman hât (W 116, 33), wo der *trôst* nicht in dem beziehungsreichen Zusammenhang minnesängerischer Selbstdarstellung funktioniert, als Gegensatz zu *wân*, sondern begriffen wird als Ausdruck einer aus der Distanz verstandenen höfischen, überschaubaren Welt, die abgewertet wird. Wir können hiermit eine Parallele ziehen zur Gesellschaftsproblematik und Sprache bei Walther: die Funktion von *fuoge* (siehe oben, S. 51ff.) im gesellschaftlichen Bereich entspricht der Funktion, die dem abstrahierenden »mîn minnesanc« vom Standpunkt des religiösen Bezugsrahmens zukommt. Die Funktion von *fuoge* wie von *mîn minnesanc* führt zur Auflösung der sprachimmanenten minnedialektischen Gegensätze. In einem Falle verliert der Minnesang seine sprachliche Funktion, gesellschaftliche Konflikte zu neutralisieren, und im anderen Falle wird ihm eine negative Stelle im Spannungsfeld religiöser Wirklichkeitssetzung zugeordnet.

Zusammenfassung:

Minnesang als Kunst wurde in diesem Kapitel als Perspektive verstanden, durch die sich ein wesentlicher Schwerpunkt dieser mittelalterlichen Lyrik isolieren ließ. Es ist vor allem die Trennung und der Bezug von Sänger und *persona* (Doppelschichtigkeit als Strukturprinzip), welches hierbei in den Mittelpunkt tritt. Diese Trennung führt dazu, daß der Sänger eine Distanz zu den künstlerischen Mitteln der höfischen Wirklichkeitsgestaltung gewinnt. Somit tut sich ein Widerspruch auf. Einerseits tritt der Sänger hinter der Maske (*persona*) zurück, andererseits wird nun das als real bezeichnet, was in der höfischen Gesellschaft dargestellt wird, was sich also im Lied unmittelbar manifestiert. Es wäre unstimmig, dem hinter die *persona* zurücktretenden Sänger sozusagen den unaussprechlichen Kern der einmalige Persönlichkeit zuzuschreiben und von ihm aus »Lyrik« zu interpretieren. Der Minnesang als Kunst schöpft sich vielmehr darin aus, die spielerischen Möglichkeiten darzustellen, die zwischen dem Sänger und der *persona* gegeben sind. Diese Bezugsnahme des Sängers zur *persona* schafft die Voraussetzung einer Handhabe dieser künstlerischen Mittel als Selbstzweck.

Dies ist der Fall in Walthers *Si wunderwol gemachet wîp.* Die letzte Konsequenz im Minnesang als Kunst wäre die Manifestierung der künstlerischen Mittel als autonomer Vorgang. Im Ansatz ist diese Tendenz zu finden in der Sprachmechanik Gottfrieds von Straßburg. Diese Autonomie der künstlerischen Mittel erklärt nun aber auch die Tatsache, daß der Sänger sich nun selbst bei Namen nennen kann, wie wir es bei Walther von der Vogelweide finden. Der Minnesang als Kunst bereitet somit die spätmittelalterliche Trennung von Formalismus und Naturalismus in der Dichtung vor. Methodisch gesehen bedeutet diese Trennung eine Auflockerung eines in sich geschlossenen Systems von Bezügen, in dem der Dichter, die Formen einer Wirklichkeitsgestaltung, die höfischen Normen ihren bestimmbaren Stellenwert hatten. Im Minnesang als Kunst ging es letzten Endes um die Grenzen der kultischen Funktion dieser mittelalterlichen Ich-Dichtung.

Kapitel IV
Minne und Religion

Konrad Burdach nannte die Skulpturen der *Ecclesia* und *Synagoge* im Bamberger Dom das griechische Moment in der Bildhauerkunst des Mittelalters. Ihm ging es dabei um den Sinn für körperliche Schönheit, die der mittelalterliche Künstler unter dem leichten Gewand dieser Frauengestalten sichtbar machte. Burdach fand einen solchen Geist der Antike auch in einigen Liedern Walthers. Vor allem im Lied *Si wunderwol gemachet wîp* (53, 25), wo der Sänger die Verehrte unverhüllt aus dem Bade steigen läßt:

> swann ich der lieben stat
> gedenke, dâ si reine ûz einem bade trat. (54, 25–26)

Was Burdach bei dieser Verknüpfung von Lyrik und plastischer Kunst vorschwebte, war die Spannung zwischen mittelalterlicher religiöser Strenge und einem schöpferischen Individualismus, der dann in der Renaissance zur Entfaltung kommen sollte. Methodisch genügte ihm dabei der einfache Inhaltsbezug, um ein bestimmtes historisches Wertsystem ins Spiel zu bringen. Jeder, der jedoch vor diesen Figuren im Bamberger Dom steht, die ihm vorher nur, aus ihrem kirchlichen Rahmen herausgelöst, in Kunstmappen zur Verfügung standen, ist überrascht über die erdrückende Massivität des kirchlichen Innenraums, in dem diese Figuren aufgestellt sind. Die Aufmerksamkeit des Beschauers wird im Dom deshalb auf die allegorische Funktion dieser Figuren gelenkt: die triumphierende Christenheit, verkörpert in der königlichen Haltung der *Ecclesia*, und das geschlagene Judentum, das sich in dem leicht vorgebeugten, leicht geknickten Körper der *Synagoge* zeigt. Die Sinnlichkeit dieser Frauenkörper wird aber dadurch keineswegs zurückgedrängt. Die allegorische Funktion und der sinnlich fein abgestimmte Inhalt sind aufeinander bezogen. Es ist erst die religiöse

Funktion dieser Figuren (allegorische Gegenüberstellung von Judentum und Christentum), die es dem Künstler erlaubt, die konkret wahrnehmbare Sinneswelt darzustellen. Der religiöse Zweck erlaubt die konkret sinnliche Darstellung, oder anders gesagt, erst durch die religiöse Verschleierung wird eine sinnliche Darstellung gerechtfertigt. Uns geht es hier aber weniger um das psychologisch-gesellschaftliche Problem der Verschleierung, sondern um eine Erweiterung des Verständnisses mittelalterlich-religiöser Wirklichkeitsgestaltung. Es geht also darum, den Zusammenhang herauszuarbeiten zwischen sprachlicher Konkretisierung und differenziertem Gestalten der Erscheinungswelt einerseits und einer Ausrichtung auf einen feststehenden religiösen Bezugsrahmen andererseits. Dabei liegt der Nachdruck nicht auf der herkömmlichen Unterscheidung von »Schichten der Wirklichkeit« und deren Bezug im Sinnbild, sondern vielmehr auf einem neuen Strukturprinzip sinnbildlicher Darstellung, in der sinnliche Konkretisierung und religiöser Bezugsrahmen sich zwar unmittelbar bedingen, ohne aber ihr Eigengewicht zu verlieren.

Wir kommen also mit der Problemstellung von Sinnlichkeit und Idee und ihren möglichen Verquickungen nicht weiter. Es wird also kein Beitrag geleistet zum uferlosen Thema des Symbols. Hier wird schon im voraus deutlich, was den Minnesang als Kult von der hier angedeuteten religiösen Konzeption der Wirklichkeit trennt: das Strukturprinzip der *relatio* wird ersetzt durch die Zusammenstellung von sinnlich erfaßbarer Welt und transzendentalem Bezugsrahmen. Das »Gleichnishafte« der Sinnenwelt tritt zurück, die Verknüpfung von eigenwertigen Momenten tritt in den Mittelpunkt: der Frauenkörper der Bamberger Figuren bleibt durchaus sinnlich gestalteter Frauenkörper, die allegorische Funktion verwirklicht durchaus den religiösen Zweck. Ähnlich geht es mit einigen Liedern im Minnesang, besonders bei Walther von der Vogelweide, in denen mittelalterlich-religiöse Wirklichkeitsgestaltung vorzufinden ist. Wir denken dabei nicht an die Übertragung von religiösen Inhalten auf die weltliche Liebeslyrik, die aus der Mariendichtung übernommen worden sind, sondern es geht um das Nebeneinander von sinnlicher Konkretisierung und religiösen Bezug. Das Lied Walthers *Frô Welt, ir sult dem wirte sagen ...* (W 100, 24) illustriert dieses Nebeneinander. Ein bestimmbares Strukturprinzip läßt sich entwickeln, aus dem heraus religiöse

Wirklichkeitsgestaltung erhellt werden kann. Wir fangen mit einer traditionellen Inhaltsanalyse an und leiten dann in strukturanalytische Erwägung über.

Frô Welt, ir sult dem wirte sagen
daz ich im gar vergolten habe:
mîn grôziu gülte ist abe geslagen;
daz er mich von dem brieve schabe.
swer ime iht sol, der mac wol sorgen.
ê ich im lange schuldic waere, ich wolt ê zeinem juden borgen.
er swîget unz an einen tac:
sô wil er danne ein wette hân,
sô jener niht vergelten mac.
›Walther, dû zürnest âne nôt:
dû solt bî mir belîben hie.
gedenke wie ich dirz erbôt,
waz ich dir dînes willen lie,
als dicke dû mich sêre baete.
mir was vil inneclîche leit daz dû daz ie sô selten taete.
bedenke dich: dîn leben ist guot:
sô dû mir rehte widersagest,
sô wirst dû niemer wol gemuot!
Frô Welt, ich hân ze vil gesogen:
ich wil entwonen, des ist zît.
dîn zart hât mich vil nâch betrogen,
wand er vil süezer fröiden gît.
do ich dich gesach reht under ougen,
dô was dîn schoene an ze schowen wünneclich al sunder lougen:
doch was der schanden alse vil,
dô ich dîn hinden wart gewar,
daz ich dich iemer schelten wil.
›Sît ich dich niht erwenden mac,
sô tuo doch ein dinc des ich ger:
gedenke an manegen liehten tac,
und sich doch underwîlent her,
niuwan sô dich der zît betrâge.‹
daz taet ich wunderlîchen gerne, wan deich fürhte dîne lâge,
vor der sich nieman kan bewarn.
got gebe iu, frowe, guote naht:
ich wil ze hereberge varn.

Religiöse Allegorie und Szene aus dem Leben eines Vaganten sind aufeinander abgestimmt. Psychologisches Raffinement im Dialog zwischen Vagant und *puella* steht neben der ernsten Auseinandersetzung der dichterischen *persona* mit den verführerischen Mächten der Welt. Zunächst zur Vagantenebene. Der Sänger versetzt uns in eine Wirtschaft, in der der Gast über seine Zechschulden spricht. Der Wirt – es ist in unserem Zusammenhang nicht wesentlich, ob wir unter dem Wirt den Teufel verstehen oder nicht – ist nicht anwesend, aber *Frô Welt*, die in dieser Wirtschaft Dienste tut. Der Gast hat schon seine Schulden bezahlt und möchte nun Abschied nehmen. Jedoch die Wirtin fällt ihm ins Wort und legt ihm nahe, daß er wirklich ohne Grund ihr so ablehnend gegenüberstehe. Sie versucht, gemeinsame Erlebnisse dem Gast ins Gedächtnis zurückzurufen:

gedenke wie ich dirz erbôt,
waz ich dir dînes willen lie,
als dicke dû mich sêre baete.

Es stellt sich heraus, daß der Gast einmal sehr zu schätzen wußte, was er jetzt ablehnt. Die Wirtin hat ihm eigentlich nur vorzuwerfen, daß er sich früher allzu selten in der Wirtschaft hat sehen lassen. Die Anknüpfung an ihre schöne, gemeinsame Vergangenheit verbindet die Wirtin geschickt mit ihren eigenen Gefühlen:

mir was vil inneclîche leit daz dû daz ie sô selten taete.

und versucht darauf dem Abschied des Gastes jede Endgültigkeit zu nehmen. Schon früher hatte es eigentlich Grund zu Zwistigkeiten gegeben. Treulosigkeit und ein ungebundenes Leben gehören eben zum Vaganten. Sie spricht von früheren Abschiedsszenen und versucht dadurch, den bevorstehenden Abschied zu neutralisieren. Dann wendet sie sich von der Vergangenheit zur Zukunft, von der Erinnerung zur Warnung:

bedenke dich: dîn leben ist guot:
sô dû mir rehte widersagest,
sô wirst dû niemer wol gemuot!

Sie hat ihren Glauben, ihre Moral: *leben ist guot*, dem der Ungläubige sich nicht ohne Folgen widersetzen kann. In der dritten Strophe gibt der Gast eine vorläufige Antwort auf das psychologische Verführungsspiel der *Frô Welt*. Die Antwort bleibt streng an das traditionelle Bild der *Frô Welt* gebunden:

dô was dîn schoene an ze schowen wünneclich al sunder lougen:
doch was der schanden alse vil,
dô ich dîn hinden wart gewar,

Die Aussage des Gastes ist auf zwei Ebenen dem Verführungsspiel der *Frô Welt* gegenübergestellt:

1) als direkte Antwort auf ihre Verführungsversuche;

2) als traditionelles Bild der *Frô Welt*, das auf die psychologisch differenzierte und sprachlich individualisierte Gesprächsweise dieser *Frô Welt* eingeht.

Wenn wir zurückdenken an Otloh von Emmeram, Mönch zu Regensburg, der den höchst differenzierten und originellen Einflüsterungen des Teufels über eine Wahrheit außerhalb biblischer Offenbarung rituell die 1000 Jahre alte biblische Exegese in Einsichtsformeln gegenüberstellt, so liegt auch noch bei Walther von der Vogelweide diese Form von Projektionsmechanismen vor. Der Sinn für Differenzierung und Einmaligkeit der konkret erfaßbaren Welt ist an feststehende religiöse Normen gebunden, oder besser: der Bezug auf feststehende religiöse Normen ermöglicht erst die Darstellung einer differenzierten, sinnlich erfaßbaren Welt.[13]

Bleiben wir zunächst einmal bei der Feststellung, daß die zweite und dritte Strophe sich stark voneinander abheben, nicht nur im inhaltlichen Gegensatz von Verführungsversuch und Ablehnung, sondern auch in der Differenzierung im Dialog einerseits und dem formalreligiösen Bildbezug andererseits.

In der vierten Strophe kommen sowohl Gast als auch *Frô Welt* zu Wort. *Frô Welt* hat ihr Verführungsspiel noch nicht aufgegeben. Sie versucht, den Gast zu entwaffnen, indem sie vorgibt, seine ungewohnte Standhaftigkeit zu akzeptieren: »Sît ich dich niht erwenden mac« – da ich dich nicht umstimmen kann. Diesem taktischen Zugeständnis seiner Standhaftigkeit schließt sie eine unverfänglich bescheidene Bitte an:

›Sît ich dich niht erwenden mac,
sô tuo doch ein dinc des ich ger:
gedenke an manegen liehten tac,
und sich doch underwîlent her...

Sie will, daß er sie wenigstens ab und zu noch einmal anschaut. Sie übergeht damit den Abschied und bringt ihre Schönheit ins Spiel. Sie versucht, noch einmal Erinnerung an glückliche Gemeinsamkeit mit

---

[13] Gustav Misch, *Geschichte der Autobiographie*, vol III, 1: *Otloh von Emmerram. Die Bekehrungsgeschichte*, S. 60–75.

ihren verführerischen Reizen zu verbinden. Besonders geschickt ist auch die unlogische Verknüpfung von gespieltem Zugeständnis seiner Stärke und Falle. In der Antwort des Gastes zeigt sich die Zwiespältigkeit, in die er dadurch kommt: »daz taet ich wunderlîchen gerne wan deich fürhte dîne lâge.« Er sagt dann endlich Gute Nacht und verabschiedet sich von ihr. In der ersten Strophe fanden sich religiöser Bezugsrahmen und vagantisches *mis en scène* zusammen. »Wirt«, »vom brieve schaben« bleiben Indizien des vagantischen Bezugspunktes. Sie haben aber auch gleichzeitig allegorische Funktion. Ähnlich ist es auch in der vierten Strophe, in der das abschließende »Guote naht« sowohl Gruß des wegemüden, schlafsuchenden Vaganten ist, als auch Weltentsagung des lebensmüden Pilgers. Der Gedanke liegt nahe, hier von einem sinnlich-geistlichen Symbol eines Pilger-Vaganten zu sprechen. Das wäre aber nicht Resultat einer Analyse, sondern schlicht ein Werturteil – eine vorschnelle Lösung, in der man durch Überhöhung zusammenbringt, was man anfänglich auseinandergenommen hat. Bleiben wir jedoch noch einen Moment bei dieser Lösung. Dann nehmen wir an, daß die vagantische *mis en scène* nur vom religiösen Bezug her verstanden werden kann, daß also in der Darstellung einer Wirklichkeit Schichten postuliert werden, in denen die Indizien einer erlebten Welt nur gleichnishafte Funktion haben können, also in ihrer Verweisfunktion dem religiösen Bezugsrahmen unterstellt sind. Somit tritt die dritte Strophe des Liedes (Ablehnung der Welt im Verweis auf das allegorisch-religiöse Bild der *Frô Welt*) in den Mittelpunkt, der die vagantische Einleitungsstrophe lediglich den Rahmen gibt und die dann in der religiösen Abkehr von der Welt am Ende des Liedes abgerundet wird. Es ergibt sich aber für den vagantischen Dialog und das allegorische Bild eine unterschiedliche Strukturierung, die auf eine ganz verschiedene Wirklichkeitsgestaltung hinweist. Sie sind zwar aufeinander bezogen, aber nicht durch einen Prozeß symbolhafter Überhöhung.

Das religiös-allegorische Bild setzt sich aus drei Darstellungseinheiten zusammen: 1) ich hân ze vil gesogen: ich wil entwonen, des ist zît: Entwöhnung; 2) dîn zart hât mich vil nach betrogen, wand er vil süezer fröiden gît: Betrug; 3) do ich dich gesach reht under ougen, bis zum Ende der Strophe: daz ich dich iemer schelten wil: die zwei Seiten der Welt. Fragen wir nach dem Kohäsionsprinzip, das diese drei Darstellungseinheiten miteinander verbindet, so liegt es nicht primär in den Bezugsmomenten zwischen diesen Darstellungseinheiten, sondern vielmehr darin, daß alle drei Darstellungseinheiten parallel geordnet sind und auf einen Bezugspunkt verweisen, der außerhalb von ihnen steht: religiöse Weltablehnung. Ich fasse diesen Bezugspunkt nicht als religiöse Stimmungslage auf. Es handelt sich hier nicht um einen inhaltlich unmittelbar sichtbaren Bezugspunkt, der hier angesprochen wird. Die Darstellungseinheiten und ihre parallele Aneinandereihung setzen vielmehr ein richtungsgebendes Moment voraus, dessen normative Funktion wir erkennen können, ohne daß dieses Moment zunächst im Inhalt greifbar wird. Wesentlich ist für uns dabei folgendes: jede der drei Darstellungseinheiten ist ersetzbar, ohne daß dadurch die ganze Strophe sinnlos würde. Zum Beispiel die Darstellungseinheit, die wir hier mit der Bezeichnung Betrug versahen, wäre durchaus ersetzbar durch eine etwa als Lust zu umschreibende Darstellungseinheit, ohne daß nun die erste Darstellungseinheit, die wir als Entwöhnung umschrieben haben, angepaßt oder in irgendeiner Weise verändert werden müßte. Hier beweist sich ein Strukturprinzip, das die religiöse Literatur des Mittelalters im allgemeinen aufschließen kann: eine fast unbeschränkte Anzahl von Darstellungsmomenten wird verfügbar, solange der religiöse Bezugspunkt feststeht, oder: solange die Darstellungsmomente nicht primär unter sich verbunden sind, sondern eine ganz bestimmte Verweisfunktion erfüllen. Je ausgeprägter die Verweisfunktion, um so größer wird die Verfügbarkeit von konkreten Inhalten. In der Mystik ist dieses Strukturprinzip bis zur letzten Konsequenz verwirklicht, wenn etwa für Meister Eckhart ein jedes Ding und ein jedes Lebewesen zum Beweis der *unio mystica* herangezogen werden kann. Je deutlicher die *isticheit* Gottes feststeht, um so deutlicher wird dem Mystiker die Immanenz der kreatürlichen Welt.[14] Das hat nichts mit Pantheismus zu tun, sondern schlicht mit einer ganz besonderen Struktur religiöser Wirklichkeitsgestaltung und religiösen Bewußtseins.

---

[14] »... ze glîcher wîse, als der ein ros lât loufen ûf einer grüenen heide, diu zemâle eben und glîch waere, des rosses natûre waere, daz ez sich zemâle ûzgüzze mit aller sîner kraft mit springenne ûf der heide, daz waere im lustlich und waere sîn natûre. »Meister Eckhardt, »Qui audit me« (Predigt no. 12) in *Meister Eckharts Predigten*, hg. J. Quint (Stuttgart, 1958), I, S. 199.

Soweit zu den Darstellungseinheiten im allegorischen Bild. Nun zu dem Bezugsrahmen: religiöse Weltabkehr. Der Bezugsrahmen zeigt, wie jede ideelle Affirmation in der religiösen Dichtung des Mittelalters, eine binäre Struktur. In unserer Strophe kann sie von der Gegensätzlichkeit von *schoene – schande* abgeleitet werden. Wir können also beim allegorischen Bild schließlich konstatieren: Parallelität auf der Ebene der Darstellungseinheiten und Gegensätzlichkeit im Bezugsrahmen bestimmt die religiöse Allegorie der dritten Strophe.

Nun zum vagantischen Dialog in der vierten Strophe. Die Strophe setzt ein mit einem logischen Nexus: Sît ich dich niht erwenden mac. Dieses einleitende *Sît* spielt nun eine doppelte Rolle: erstens, es verweist zurück auf die Weltabkehr, die in der vorhergegangenen Strophe angesprochen wurde, und zweitens deutet es auf den darauffolgenden Wunsch (sô tuo doch ein dinc des ich ger). Die Darstellungseinheiten des Dialogs sind eng untereinander verbunden und bezogen. Sît ich dich niht erwenden mac // sô tuo doch ein dinc des ich ger // gedenke an manegen liehten tac // und sich doch underwîlent her // niuwan sô dich der zît betrâge //. Es ist also die Vielseitigkeit der Verknüpfungsmöglichkeiten, die die Struktur des vagantischen Dialogs bestimmt. Wichtig dabei ist, daß die einzelnen Verknüpfungspunkte für die Darstellungseinheiten richtungsgebend sind. Vergleichen wir damit die Verweisfunktion im allegorischen Bild und im vagantischen Dialog. Im allegorischen Bild spielen die einzelnen Darstellungseinheiten eine untergeordnete Rolle, im vagantischen stehen sie im Mittelpunkt. Im allegorischen Bild sind sie bestimmt von der Statik des Bezugsrahmens. Im vagantischen Dialog dagegen ist die Verfügbarkeit der einzelnen Darstellungseinheiten beschränkt – eben durch die Bedingtheit der engen Verknüpfung unter ihnen. Ein Auswechseln der einzelnen Darstellungseinheiten geht im vagantischen Dialog nicht, ohne daß der Sinn des Ganzen zerstört würde. Fassen wir unsere Liedanalyse zusammen: im allegorischen Bild der dritten Strophe und dem vagantischen Dialog in der vierten Strophe lassen sich die zwei Grundstrukturen des Liedes erkennen, in denen sich verschiedene Formen mittelalterlicher Bewußtseinsbildung spiegeln, die wir einleitend im Vagantentum und der Kirche gesellschaftlich fixierten. Es handelt sich einerseits um religiöses Gerichtetsein und andererseits um die konkrete Einmaligkeit von Lebenssituationen, als Sprachrealität verstanden, die sich strukturanalytisch aufdecken läßt. Die Gegensätze im religiösen Bezugspunkt (*schoene–schande*) sind als gegeben vorausgesetzt, individuelle Verhaltensweise, auch die sprachlichen Darstellungseinheiten sind danach geordnet. Dagegen bleibt der vagantische Dialog offen im Hinblick auf einen religiösen Bezugsrahmen, er »individualisiert« die Darstellungseinheiten durch die Art, wie sie aufeinander abgestimmt sind, und letzten Endes durch ihre Unersetzbarkeit. Die Analyse dieses Liedes läßt einige Schlüsse über die mittelalterlich-religiöse Dichtung zu. Ich habe dieselben strukturanalytischen Ansätze in einem breiter zu. Ich will dieselben strukturanalytischen Ansätze in einem breiter enwickeln.[15]

Zusammenfassend läßt sich über dieses Lied folgendes sagen:

1) religiöse Affirmation drückt sich als binäre Sprachstruktur aus;

2) steht diese binäre Struktur als Bezugsrahmen fest, so ist eine fast unbegrenzte Zahl von Darstellungseinheiten möglich;

3) fehlt die binäre Struktur des Bezugsrahmens, so bleibt die Anzahl der Darstellungseinheiten durch die Bezüge begrenzt, die unter ihnen möglich sind;

4) dadurch wird hinter der binären Struktur ein Prinzip der Komplementarität sichtbar, das zu einem Verständnis des Minnesangs unter dem Aspekt der Religion noch weiter ausgebaut werden muß;

5) wir können im Mittelalter nicht von Symbolgestaltung als Integrationspunkt sprechen. Symbol ist im Mittelalter die von der klassischen Tradition her bestimmte Allegorik.

Wir müssen uns noch etwas näher mit dem Prinzip der Komplementarität beschäftigen. In der Allegorie der *Frô Welt* ist der Kontrast auf *schoene* und *schande* aufgebaut. Dieser sprachlichen Kontrastfixierung geht ein vorsprachlicher Abstraktionsprozeß voraus, durch den, vom Standpunkt der christlichen Ethik, die Vielseitigkeit der Welt auf den Gegensatz von Gut und Böse reduziert wird. Dieser Gegensatz wird dann, noch im vorsprachlichen Bereich, in Bezug zum Men-

---

[15] Hier fehlen vor allem Arbeiten, in denen die Erkenntnisse der Semiotik im historischen Kontext fruchtbar zu machen wären, als Voraussetzung für eine neue Humanwissenschaft von der Kultur.

schen gesetzt, und zwar so, daß der Mensch durch die Schönheit der Welt verführt wird, die aber das Böse in sich verbirgt. Dieser vorsprachliche Abstraktionsprozeß wird dann in sinnlich erfaßbarer Form konkretisiert, eben im Bild der Welt als einer schönen Frau. Wir können hier also von keiner im unmittelbaren Sprachvollzug sich entwikkelnden Kontrastbildung sprechen (*Minne und Kult*). Der Kontrast steht von vorneherein im religiösen Bezugsrahmen fest. Dadurch wird eine Vielzahl von Inhalten verfügbar, die sich dem religiösen Bezugsrahmen zuordnen lassen. Wenn wir also das Prinzip der Komplementarität als strukturbestimmend bezeichnen, so können wir formulieren: je eindeutiger der Kontrast im religiösen Bezugsrahmen feststeht, um so vielseitiger und vieldeutiger können die Inhalte sein, die ihm zugeordnet werden können. Der Einfachheit im Bezugsrahmen entspricht eine Vielseitigkeit der ihm zugeordneten Inhalte. Der Kontrast in den sozialen Bezügen (*Minne und Gesellschaft*) bleibt schwach definiert und fließend und ist nur in Ansätzen vorhanden. Diese Ansätze sind aber vielseitig in ihren Bezugsmöglichkeiten. Die Vielseitigkeit der gesellschaftlichen Anknüpfungsmöglichkeiten beschränkt die Zahl der ihnen zugeordneten Inhalte. Auch hier läßt sich das Prinzip der Komplementarität nachweisen. Je fließender und komplexer der Kontrast (hier: Gesellschaftskonflikte) innerhalb des gesellschaftlichen Bezugsrahmens, um so einfacher sind die expliziten Inhalte, die ihm zugeordnet werden können. Man kann diesen Sachverhalt auch sozialpsychologisch erklären. Eine feststehende Glaubenswelt gibt dem Menschen eine gewisse Flexibilität, sich die Vielseitigkeit der Welt, wenn auch unter einem negativen Vorzeichen, bewußt zu machen. Andererseits führt eine Bewußtmachung gesellschaftlicher Antinomien zu einer Verunsicherung, die nur andeutungsweise inhaltlich ausgefüllt werden kann. Hiermit wird ein Paradox angedeutet, das bis jetzt im Minnesang noch ungeklärt ist. Es sind nämlich gerade die religiös bezogenen Lieder, in denen die Vielseitigkeit der konkret erlebten Welt vorhanden ist. Der Ansatz zur konkreten Hinwendung ist dagegen im Gesellschaftsbezug nicht sehr ausgeprägt. Im Lied *Frô Welt* konnten wir die Parallelität zwischen religiöser Wirklichkeitsgestaltung und Darstellung vagantischen Lebens verdeutlichen. Es hat sich dabei gezeigt, daß die beiden Wirklichkeits- und Darstellungsebenen sich gegenseitig bedingen: die vagantische *mis en scène* ist erst innerhalb des religiösen

Bezugs der Allegorie von der *Frô Welt* bedeutsam; die Allegorie der *Frô Welt* ist aus der vagantischen *mis en scène* heraus aufgebaut. So haben wir dann am Schluß des Liedes einen Pilger und Vaganten zugleich, eine Wirtin sowie eine *Frô Welt*.

Wir haben das Strukturprinzip der Komplementarität an den Kontrasten veranschaulicht, die im gesellschaftlichen Bereich anders gelagert sind als im religiösen Bereich. Es ergeben sich ganz allgemein aus diesen Darlegungen einige spezifische methodologische Schlußfolgerungen: eine sprachimmanente Strukturanalyse ist durchaus nicht an formalistische Zielsetzungen gebunden. Sie kann soziale, psychologische und religiöse Formen der Wirklichkeitsgestaltung aufschlüsseln, die ein einfaches Ablesen sozialer oder religiöser Inhalte nicht sichtbar machen.

Wir konnten im Lied *Frô Welt* feststellen, daß die Struktur der Parallelität eine spezifische Wirklichkeitsauffassung und Wirklichkeitsgliederung sichtbar macht. Diese Wirklichkeitsauffassung bestimmt vor allem den Bezug zwischen realem Leben und religiösem Bezugsrahmen. Es geht hier nicht um den auf der Hand liegenden Beweis, daß sich eben eine spezifische Weltanschauung eines Dichters im Inhalt seiner Aussagen niederschlägt. Es geht vielmehr darum, zu zeigen, wie sich diese Wirklichkeitsauffassung in der inneren Struktur aktualisiert, und zwar so, daß sich unterschiedliche Aufbauprinzipien herauskristillisieren lassen, denen der Inhalt untergeordnet ist, oder anders: daß diese Aufbauprinzipien den »Inhalt« greifbar machen auf Grund der sich manifestierenden Kohäsion und Richtung von dem, was vorgetragen wird. Damit ist die methodologische Voraussetzung dafür geschaffen, strukturanalytische Fragestellungen mit der Erfassung der weltanschaulichen Position eines Dichters im allgemeinen zu verbinden. Die innere Struktur des Ausgesagten ist verbindlich für die Wirklichkeitsauffassung des Aussagenden, oder auch die Wirklichkeitsauffassung bestimmt die innere Struktur. Es handelt sich jedenfalls um einen dialektischen Prozeß. In einer weiteren Textanalyse wollen wir ein problematisches und komplexes Lied in den Mittelpunkt stellen. Es handelt sich um ein Lied, in dem religiöse Grundeinstellung, minnedialektische Darstellungsformen, gesellschaftskritische Momente nicht integriert sind.

Es handelt sich um Walthers Lied *Bi den liuten nieman hât* (W 116, 33):

116,33 Bi den liuten nieman hât
ze fröiden hovelîchern trôst denn ich:
sô mich sende nôt bestât,
sô schîne ich geil und troeste selben mich.
alsô hân ich dicke mich betrogen
unde durch die werlt mir manege fröide erlogen:
daz liegen was ab lobelich.

117,8 Leider ich muoz mich entwenen
vil maneger wünne der mîn ouge an sach:
war nâch sol sich einer senen,
der niht geloubet swaz hie vor geschach?
der weiz lützel waz daz sî, ›gemeit‹.
daz ist senender muot mit gerender arebeit.
vil saelic sî daz ungemach!

117,1 Maneger waenet, der mich siht,
mîn herze sî an fröiden iemer hô.
hôher fröide hân ich niht,
und wirt mir niemer wider, wan alsô:
werdent tiusche liute wider guot,
unde troestet si mich, diu mir leide tuot,
sô wirde ich aber wider frô.

117,15 Ich hân ir gedienet vil,
der werlte, und wolte ir gerne dienen mê,
wan dazs übel danken wil
und waenet des daz ich mich niht verstê.
ich verstên michs wol an eime site:
des ich aller sêrest ger, sô ich des bite,
sô gît siz einem tôren ê.

117,22 Ichn weiz wiechz erwerben mac.
des man dâ pfligt, daz widerstuont mir ie:
wirbe ab ich sô man ê pflac,
daz schadet mir lîhte: sus enweiz ich wie.
doch verwaene ich mich der fuoge dâ,
daz der ungefüegen werben anderswâ
genaemer sî dan wider sie.

Wir wollen jede Strophe zunächst einmal in ihren verschiedenen Darstellungseinheiten sehen. Es wird sich zeigen, inwieweit unterschiedliche Bezugssysteme innerhalb dieses einen Liedes zu finden sind.

Bi den liuten nieman hât
ze fröiden hovelîchern trôst denn ich:

Dichterischer Selbstbezug (denn ich) ist aufgebaut im Kontrast zu anderen Dichtern: ihm kommt »hovelîchern trôst« zu als den anderen.

Der »trôst« ist natürlich in keiner Weise Ausdruck einer persönlichen Gefühlslage, sondern feststehende Bezeichnung im minnedialektischen Prozeß der Wirklichkeitsgestaltung. Jedoch ist der *trôst* nicht in Beziehung gesetzt zu seinem negierenden Pol, etwa *wân*, sondern ist umfassende Bezeichnung, die die Kontrastierung des Sängers von seinen Rivalen möglich macht. Dadurch erhält die Formel einen Grad von »Objektivierung«, die zwar das minnedialektische Spiel mit *wân* durchaus noch zulassen würde, die aber trotzdem mehr durch eine übergreifende Begrifflichkeit bestimmt wird, wie wir sie für die Funktion von *fuoge* (siehe oben, S. 51ff.) beschrieben haben. Sowohl in ihrer Funktion wie auch im fiktiven dichterischen Selbstverständnis rückt die Formulierung »hovelîchern trôst« in die Nähe der Bezeichnung »mîn minnesanc«, mit der Walther in seinem Lied »Ir reinen wîp, ir werden man« (66, 21) eine ganze dichterische Tradition und sein eigenes Singen begrifflich zusammengefaßt.

Sô mich sende nôt bestât,
sô schîne ich geil und troeste selben mich.

Diese Darstellungseinheit ist vor allem als Erweiterung der einleitenden Zeilen zu verstehen. Trotzdem ist diese Darstellungseinheit in sich kohärent. Sie wird nicht nur syntaktisch bestimmt durch das sô . . . sô, sondern auch durch die minnedialektische Kontraststruktur, die im »sende nôt« einerseits und des »troeste selben mich« andererseits getragen wird. Wäre nun diese minnedialektische Kontraststruktur bestimmend für das ganze Lied, so würden die weiteren Darstellungseinheiten im Spannungsfeld von *wân* und *trôst* eine bestimmbare und richtungsgebende Funktion haben. Dies ist jedoch nicht der Fall.

alsô hân ich dicke mich betrogen
unde durch die werlt mir manege fröide erlogen:

Hier schon zeigt sich, daß das minnedialektische Spannungsfeld durchbrochen wird, denn bei der erlogenen »fröide« geht es um die religiös bestimmte *vanitas*, auch hier durch eine Begrifflichkeit umfaßt, die das vielseitige Bezugssystem, durch das sich die Momente des Erlebten darstellen lassen, auf eine Formel zusammenzieht. »Manege fröide« ist eine religiöse Überhöhung des »hovelîchern trôst«, mit einem negativen Vorzeichen versehen. Beide Formulierungen haben denselben Grad von abstrakter Begrifflichkeit. Damit ist nun inhaltlich zunächst nur festzustellen, daß die höfische Welt und ihre Werte einem religiösen Rahmen untergeordnet wurden. Jedoch der eigentliche Bezugszusammenhang wird erst durch die letzte Zeile deutlich: »daz liegen was ab lobelich.« Hier wird nun – scheinbar – die religiöse Ablehnung der *fröide* wieder zurückgenommen. Es zeigt sich dabei zunächst einmal eine Sprachformulierung, die uns beim späten Walther häufig begegnet, und zwar geht es dabei um einen im Rahmen einer sich entwickelnden Affirmation gespielten Vorbehalt. Das sahen wir im schon besprochenen Lied *Frô Welt*, wenn er die süßen Freuden anerkennt: dîn zart hât mich vil nâch betrogen / wand er vil süezer fröiden gît, und dann in der letzten Strophe dieses Liedes, und zwar in der Reaktion auf den Hinweis der *Frô Welt*, daß beide ja »manegen liehten tac« (W 101, 16) miteinander verbracht hätten: »daz taet ich wunderlîchen gerne, wan deich fürhte dîne lâge« (101, 19). Es handelt sich in dieser Strophe jedoch vor allem um eine Übertragung der minnedialektischen Darstellungsweise auf eine religiöse Problematik. Die *revocatio* – hier Zurücknahme einer Weltablehnung auf Grund der Ehre, die dem Minnesänger am Hofe zuteil wird – ist durchaus minnedialektische Sprachfiktion. Hierdurch wird der unüberbrückbare Widerspruch zwischen religiöser Forderung und höfischer Gegebenheit verschleiert. Die Strophe bildet ein in sich geschlossenes Ganzes. Der religiöse Bezug wird in der *revocatio* der letzten Zeile neutralisiert. Jedoch wird im weiteren Verlauf des Liedes diese Sprachfiktion, die einen balancierten Bezug zwischen religiöser Affirmation und höfischen Werten andeutet, nicht aufrecht erhalten.

> Leider ich muoz mich entwenen
> vil maneger wünne der mîn ouge an sach:
> war nâch sol sich einer senen,
> der niht geloubet swaz hie vor geschach?

In diesen vier Zeilen handelt es sich ganz eindeutig um eine religiöse Affirmation. Sowohl das Lied *Frô Welt* als auch Walthers Alterselegie klingen hier, wie bekannt, deutlich an (cf. W 101, 5–6 und W 124, 1–2). Interessant ist für uns dabei aber nur, daß diese angedeutete Wortabkehr im Bezugssystem der minnedialektischen Sprachfiktion des Liedganzen steckenbleibt und keinen Eigenwert erhält; vom Inhalt her kann diesen Zeilen eine konfessionelle Aussagefunktion nicht untergeschoben werden.

der weiz lützel was daz sî, ›gemeit‹.
daz ist senender muot mit gerender arebeit.
vil saelic sî daz ungemach!

Hier steht nun die Minne im Vordergrund. Zwei Aspekte müssen dabei hervorgehoben werden: erstens, es besteht kein Nexus zu der vorausgegangenen religiösen Affirmation; zweitens, es besteht eine objektivierte Begrifflichkeit im herausgestellten »gemeit«, wie wir es bei dem »hovelîchern trôst« schon angedeutet sahen. Es ließe sich durchaus vom Inhalt her eine Durchgängigkeit der Bedeutung innerhalb dieser Strophen ablesen, wenn man den offensichtlichen Bruch zwischen religiöser Affirmation im ersten Teil der Strophe und der minnedialektischen Sprachfiktion im zweiten Teil ignoriert. Ein solcher Bedeutungszusammenhang, eine solche Durchgängigkeit ist jedoch nur möglich, wenn man den Schwerpunkt nach außen verschiebt, also auf die Einstellung des Sängers, und ein Verständnis der Strophe und ihrer Funktion von den eigentlichen sprachlichen Prozessen herauslöst. Damit jedoch würde jede Argumentation von vorneherein sollipsistisch: die Einstellung des Dichters schlägt sich in dem Inhalt der Strophe nieder. Wir kamen aber zu seiner Einstellung erst durch die Kenntnis der Strophe! Es wird sollipsistisch, weil zwei an sich getrennte Realitätsebenen nicht als Einheit erklärt werden können. Der Inhalt soll uns also die Möglichkeit geben, die dichterische Einstellung zu definieren. Diese Beweisführung führt zu keinem Verständnis des differenzierten sprachlichen Vorgangs, sondern nur zu einer vom Text sich entfernenden Differenzierung der Argumente. Somit tritt das subjektive Ich in den Mittelpunkt. Der Dichter schlägt sich in der Strophe nieder, der Interpret reflektiert sich in Strophe und Dichter. Verhindert werden dadurch die Gliederung der Sprachprozesse und ein Verständnis der dahinterstehenden Bezugssysteme (kulturelle Einheiten), sei es der religiösen Affirmation, der minnedialektischen, höfischen Wirklichkeitsgestaltung oder der gesellschaftskritischen Momente.

Maneger waenet, der mich siht,
mîn herze sî an fröiden iemer hôh,
hôher fröide hân ich niht,
und wirt mir niemer wider, wan alsô:
werdent tiusche liute wider guot,
unde troestet si mich, diu mir leide tuot,
sô wirde ich aber wider frô.

Auch diese Strophe bildet eine in sich geschlossene Darstellungseinheit. Hier wird nun wieder eine minnedialektische Sprachfiktion aufgebaut, die mit dem Ansatz zur religiösen Affirmation in den vorausgegangenen Strophen überhaupt nichts zu tun hat. Die relative Abgeschlossenheit dieser Strophe rechtfertigt durchaus, daß man sie vor die zweite Strophe stellt. Der Gegensatz zwischen »hôher fröide hân ich niht« einerseits und »unde troestet si mich, diu mir leide tuot« andererseits bestimmt diese Strophe. Ein zweites Gegensatzpaar liegt in dem Kontrast »Maneger waenet ... mîn herze sî an fröiden iemer hôh« und der abschließenden Formulierung »sô wirde ich aber wider frô«. Diese Minnedialektik wird durch das Moment der Gesellschaftsklage aufgelockert: »werdent tiusche liute wider guot.« Es besteht ein wesentlicher Unterschied zwischen den zwei von Walther ausgesprochenen Voraussetzungen, die bei ihm eine »fröide« ermöglichen: 1) »werdent tiusche liute wider guot« bezieht sich auf eine gesellschaftsorientierte Perspektive, die sich nicht mit dem fiktiven Sprachbereich vollständig deckt. Diese Voraussetzung für seine »fröide« ist also bedingt durch eine Veränderung gesellschaftlicher Zustände und durch die Einstellung der Menschen, die nicht ausschließlich aus Sprachprozessen abgeleitet werden können; 2) »unde troestet si mich, diu mir leide tuot« erhält erst Gewicht im Verhältnis zum sprachlichen Vollzug der Minnedialektik. Das »unde« also stellt keine Verbindung her zwischen »tiusche liute« und dem »si«, der verehrten Herrin. Es werden zwei Bezugssysteme nebeneinandergestellt, die sich widersprechen, oder die zumindest nicht nahtlos miteinander verbunden werden können.

So zeigen sich also in den drei ersten Strophen dieses Liedes drei Schwerpunkte, die nicht integriert sind, also keine kohärente, durchgängige Linie in der Perspektive des Sängers, in den sprachlichen Funktionen und in dem Bezug der einzelnen Darstellungseinheiten sichtbar werden lassen. Diese Brüchigkeit im Lied ist dann auch in der vierten Strophe nicht aufgehoben (Brüchigkeit ist in diesem Zusammenhang nicht vom Wertmaß einer integrierten konfessionellen Aussage abgeleitet).

Ich hân ir gedienet vil,
der werlte, und wolte ir gerne dienen mê,
wan dasz übel danken wil,
und waenet des daz ich mich niht verstê.

ich verstên michs wol an eime site:
des ich aller sêrest ger, sô ich des bite,
sô gît siz einem tôren ê.

Hier versucht Walther, die in den ersten vier Zeilen des Liedes ausgesprochene Weltabkehr mit einer Minnekritik in Verbindung zu bringen. Hierdurch entsteht eine Widersprüchlichkeit innerhalb dieser Strophe, die nicht minnedialektisch überspielt wird. Er versucht zwar durch den Doppelbezug des »Verstehens« die einander im Widerspruch stehenden Zeilen der Strophe zu überbrücken. Somit löst sich die religiös ausgerichtete Klage im Moment der Minnefehde auf: »sô gît siz einem tôren ê.« Die Minnefehde jedoch läßt sich kaum von der vorausgegangenen Weltabkehr ableiten. Verständlich bleibt eigentlich nur die unstimmige Verwischung der Klage um die Welt mit der traditionellen Minneklage um die Gnadlosigkeit der Herrin. Hier manifestiert sich unmittelbar eine Widersprüchlichkeit, die in dem mangelnden Bezug der einzelnen Darstellungsweisen der ersten drei Strophen schon angedeutet ist.

Jedoch erst die letzte Strophe des Liedes macht die Widersprüchlichkeit und Komplexität des ganzen Liedes deutlich. Wir müssen sie deshalb näher ins Auge fassen:

Ichn weiz wiechz erwerben mac.
des man dâ pfligt, daz widerstuont mir ie:
wirbe ab ich sô man ê pflac,
daz schadet mir lîhte: sus enweiz ich wie.
doch verwaene ich mich der fuoge dâ,
daz der ungefüegen werben anderswâ
genaemer sî dan wider si.

In den ersten zwei Zeilen wird eine in sich geschlossene minnedialektische Struktur aufgebaut. Die angedeutete Verwirrung (ichn weiz wiechz erwerben mac) hat kein Eigengewicht und bildet lediglich den Rahmen für den Gegensatz von »des man dâ pfligt« und »daz widerstuont mir ie«. Die allgemeinen Gepflogenheiten der Minnenden werden evoziert, um sein eigenes »Unglück« zu profilieren, sein eigenes Unglück ist erst möglich, indem ihm die allgemeinen Gepflogenheiten entgegengesetzt werden. Jedoch in der darauffolgenden Darstellungseinheit wird die Minnedialektik erweitert, indem nur Walther den Gegensatz der gegenwärtigen Kunst- und Minneauffassung zu dem früher gängigen höfischen Minne- und Kunstideal herausstellt. Es handelt sich dabei um eine Erweiterung, weil gewöhnlich im minnedialektischen Sprachbezug Zeitvorstellungen nur eine untergeordnete Stelle einnehmen. Im syntaktisch bestimmten Gegensatz von »wirbe *ab* ich...« und »*doch* verwaene ich...« macht Walther seine Kritik an der zeitgenössischen Kunst deutlich. Er weiß, wie man mit *fuoge* dichtet, und er stellt sich damit den *ungefüegen* gegenüber, denen er empfiehlt, »anderswâ« zu werben. Somit scheint vom formalen Aufbau her das Lied ein in sich geschlossenes Ganzes zu bilden, indem er nun abschließend auf den in der Einleitung des Liedes ausgesprochenen »hovelîchern trôst« zurückverweist, durch den er sich von den anderen Sängern absetzt. Wir haben im zweiten Kapitel (*Minne und Gesellschaft*) darauf verwiesen, wie Walther gerade in der Bezeichnung *fuoge* immer wieder versucht, einen abstrakten Begriff zu setzen, der die sichtbar werdenden Widersprüche überspannen soll. Wir haben dabei feststellen können, daß unter *fuoge* nicht nur gemäßes Dichten zu verstehen ist, sondern auch eine Einstellung zur Minne, die mit allen anderen Bezugssystemen in Einklang steht, sei es gegenüber der Religion, sei es im Sinne einer geordneten höfischen Welt. Während in unserem Lied Walther nun *fuoge* lediglich auf gemäßes Dichten bezieht, im Gegensatz zu den *ungefüegen*, so verliert der Begriff seine überspannende Funktion. Damit können wir nun die Struktur dieses Liedes genau in den Griff bekommen. Im Rahmen einer Minnefehde wird die Brüchigkeit des Liedes sichtbar. Sie drückt sich vor allem aus in der Diskontinuität der aneinandergereihten Darstellungseinheiten. Diese Darstellungseinheiten erhalten ein bezugsloses Eigengewicht. Somit stehen religiöse Einstellung und die dazugehörenden Sprachformen, minnedialektische Fiktion, gesellschaftskritische Bezüge, literarische Fehde im Widerspruch zueinander, ohne daß sich dieser Widerspruch in einer sprachimmanenten Dialektik neutralisieren oder im überspannenden *fuoge*-Begriff verschleiern ließe.

In diesem Lied gibt es zwei feststehende Wirklichkeitsebenen, die ihm im Lied *Frô Welt* noch eine bildliche Brücke im Pilger-Vagant ermöglichte. Die minnedialektische Sprachwelt jedoch kann nur als geschlossenes System von Sprache und Wirklichkeit funktionieren. Das religiöse Moment und die Gesellschaftsklage brechen dieses geschlossene System auf. So stellt die innere Widersprüchlichkeit die eigentliche Bedeutung des Liedes dar. Wir haben versucht, diese Widersprüchlichkeit nicht an Hand einer vorausgesetzten Einheitsvorstellung zu konstatieren. Es geht also weder um ein aesthetisches Urteil noch um das Wertmaß einer integrierten konfessionellen Aussage. Unser Postulat von der inneren Struktur des Liedes ermöglicht es uns, den Zusammenhang einander bedingender Bezüge herauszustellen, die inhaltsbestimmend sind. Widersprüchlichkeit wird also in den immanenten Sprachvorgängen gezeigt.

Zusammenfassung: Was Walther in diesem Lied sagt und wie er es sagt, wechselt von Strophe zu Strophe. Dieser Wechsel selbst ist jedoch nicht strukturbestimmendes Prinzip, sondern Zeichen einer Widersprüchlichkeit, die sich aus der Aneinanderreihung von verschiedenen, sprachlich erfaßbaren Bezugssystemen ergibt. Walther von der Vogelweide steht zwischen der minnedialektischen Sprachfiktion, der Notwendigkeit einer religiösen Zuwendung, der Zeitklage um den Verfall der Kunst. Überspitzt gesagt, die Minnesprache versagt. In der großen Alterselegie verändert er sie und stellt sie in den Dienst der Religion.

Wir wollen unseren methodischen Ansatz zum Abschluß auf die Alterselegie anwenden, gerade weil in diesem Lied kaum ein geschlossenes, sprachimmanentes System von Wirklichkeit postuliert werden kann, jedenfalls nicht innerhalb des Minnesangs als Kult. Es kommen konkrete Ereignisse vor: Aufruf zum Kreuzzug, »unsenfte brieve«. Folgendes sei einer Analyse vorweggenommen: was hier als zentraler Sinn des Liedes deutlich wird, nämlich die Affirmation des Glaubens und der Dienst an der Religion (konkret: Aufruf zum Kreuzzug), vollzieht sich auf Grund eines weitverzweigten dialektisch konstruierten Sprachvorgangs. Der Aufruf zum Kreuzzug gegen Ende des Liedes macht schon vom Inhalt her deutlich, was sich auch in der inneren Struktur des Liedes wird feststellen lassen: der Sänger gibt uns seinen Aufruf zum Kreuzzug im Konjunktiv – »wolte got, wan waere ich / der sigenünfte wert! sô wolte ich ...« (125, 4–5) Das minnesängerische Selbstverständnis und sein Bezug zur höfischen Welt kommt also auch im religiösen Bereich zum Ausdruck.

Zunächst müssen wir uns einmal fragen, ob sich das Lied im wesentlichen als Konfession auffassen läßt. In diesem Falle wäre die Sprache als Zeichen der persönlichen Situation Walthers zu verstehen. Die drei Strophen als Klage liefern die notwendige Kontinuität, die

die Vorstellung vom Individuum als Kern der Wirklichkeit unterstützt. Damit läßt sich die Ausgestaltung der verschiedenen Schwerpunkte in den drei Strophen verfolgen: in der ersten Strophe geht es um die Klage im Bereich des eigenen Lebens; in der zweiten Strophe wird der Reflexion über die eigenen Lebensumstände eine Gesellschaftsklage hinzugefügt; in der dritten Strophe leitet die allgemeine Weltabkehr über zum Gedanken an den Kreuzzug, als Dienst und Rettung. Also das Lied bietet uns tatsächlich auf den ersten Blick die Kohäsion einer direkten persönlichen Aussage. Auch der spezifische Bezug auf den päpstlichen Bann durchbricht den Aufbau der Wirklichkeit als Resultat von sprachimmanenten Prozessen. Wir gingen im ersten Kapitel (*Minne und Kult*) von der These aus, daß sich die Minneaffirmation auf Grund der minnedialektischen Sprachvollzüge konstituiert. Hier wird uns die Frage beschäftigen müssen, inwieweit die religiöse Affirmation, konkretisiert im Aufruf zum Kreuzzug, außerhalb dieser dialektischen Sprachvollzüge funktioniert. Es geht also um das Kernproblem der strukturanalytischen Fragestellung: Struktur und Geschehen – structure and event –, verdeutlicht an Hand eines spezifischen Beispiels.

Das Lied gibt uns zunächst einmal, wie schon gesagt, konkrete Verweise auf reale persönliche und gesellschaftliche Situationen. Im persönlichen Bereich bezieht er sich auf die Alterserfahrung, von der aus er sein Leben als verändert und zerfallend beurteilt. Der inhaltliche Schwerpunkt des Liedes bildet die kompromißlose Formel: »swer dirre wünne volget, hât jene dort verlorn.« (W 124, 33) Aber schon hier fällt auf, daß diese einfache, kompromißlose Formel, die die Grundalternativen des mittelalterlichen Menschen widerspiegelt, sich abhebt von den gerade in diesem Lied so deutlich angesprochenen Momenten des eigenen Lebens: liut, lant, wazzer, maneger trâge (in der ersten Strophe), junge liute, tanzen, lachen, singen, die »gebende« der Frauen und die »dörpellîche wât« der Ritter und die »vogel in der wilde« (in der zweiten Strophe). Wenn wir einmal von dem zusammenfassenden und abstrahierenden »wünneclîchen tac« und dem Bild »als in daz mer ein slac« absehen, so ist in all diesen spezifischen Verweisen etwas ganz Konkretes ausgesagt, und zwar nicht als abstraktes Sprachzeichen, sondern als ausfüllbare und erfahrungsbezogene nachvollziehbare Indizien des Lebens, bis hin zum »velt« das »bereitet« ist und dem

»walt« der ihm jetzt als »verhouwen« erscheint. Wenn auch in den knappen Formulierungen das Ausmaß der möglichen Ausgestaltungen nur begrenzt ist, so zeigt sich in ihnen doch schon im Ansatz eine Differenzierung – keine Reduzierung – dessen, was angegeben ist. Die Indizien der eigenen Lebenserfahrung sind aneinandergereiht. Sie erhalten ihr Eigengewicht nicht aus den sprachimmanenten Bezügen, die zwischen ihnen bestehen. Als sprachliche Zeichen verweisen sie alle auf Umstände, die außerhalb des sprachlichen Vorgangs ihre Realität haben. So kann angenommen werden, daß eine Erweiterung dieser sprachlichen Verweise durch die Lebenserfahrungen selbst bestimmt würden. Diese Indizien der eigenen Lebenserfahrung sind jedoch bedingt durch ihre Negation. ERST AUS DEM BEZUG ZU IHRER NEGATION SIND SIE BEDEUTUNGSVOLL. Diese Negation ist bestimmt: 1) durch die Vorstellung, daß das Leben ein Traum sei, also durch die Möglichkeit, daß all diese Dinge« überhaupt nicht existierten: daz ich ie wânde ez waere, // was daz allez iht? und 2) durch ihre Aufhebung im religiösen Bezugsrahmen: swer dirre wünne volget, // hât jene dort verlorn. So erweist sich auch hier das Prinzip der Komplementarität als bestimmend für die Struktur des Liedes: die Vielseitigkeit der Lebensbezüge, die Walther hier evoziert, sind erst möglich in ihrer Negation. Wir haben dieses Prinzip der Komplementartät an den allegorischen Figuren der *Ecclesia* und *Synagoge* im Bamberger Dom nachgewiesen. Es zeigte sich als strukturbestimmend für das Lied *Frô Welt*. Die hier vorzufindenden dialektischen Sprachprozesse weisen hin auf das Selbstverständnis und die Wirklichkeitsauffassung, wo immer es dem mittelalterlichen Menschen um die Affirmation einer religiösen Welt und um das Eingeständnis seiner eigenen realen Existenz ging. Zwei konkrete Beispiele, die zeitlich und inhaltlich weit voneinander entfernt liegen, seien hier als weitere Veranschaulichung angeführt. Eine der eindrucksvollsten Darstellungen einer Skepsis gegenüber biblischer Offenbarung ist in den autobiographischen Darstellungen des Mönchs Othloh von Emmeram zu finden (siehe oben, S. 104). Diese Skepsis wird erst als teuflische Einflüsterung akzeptabel. Sie zeigt übrigens eine hochdifferenzierte und vielseitige Argumentationsweise. Sie ist aber nur möglich durch die darauffolgende strenge Bezugssetzung zur biblischen Exegese und Affirmation der offenbarten Wahrheit. Die gewagten Einsichten sind also nur möglich, indem sie negiert werden, indem sie sich im biblischen Verweis aufheben. Ähnlich geht es im spätmittelalterlichen *Ring* von Wittenweiler, wenn hier auch schon formalisiert. Die Darstellung der Bauernsitten wird verstanden als Negation, als didaktische Absicht. Es liegt außerhalb unserer Analyse zu zeigen, inwieweit dieses an Sprachprozessen sichtbar werdende Prinzip der Komplementarität und das damit zusammenhängende Selbst- und Weltverständnis ein Resultat handfester Repression seitens kirchlicher und weltlicher Macht sind. Es geht uns vor allem hier um die Sprachstrukturen selbst, aus denen heraus wir gesellschaftliche Zusammenhänge herauskristallisieren können, und zwar deshalb, weil wir sonst Gefahr laufen, mechanistisch gesellschaftliche Inhalte vom Text unmittelbar abzulesen. Eine solche Verfahrensweise reduziert nicht nur die Differenziertheit der dichterischen Aussagen, sie verdinglicht im Grunde genommen auch die gesellschaftlichen Zusammenhänge.

Die Setzung von Lebensbezügen einerseits und ihre Negation vom Standpunkt der Religion andererseits wird in der Alterselegie ausgebaut durch eine Reihe einander entgegengesetzter Entsprechungen. Dies wird besonders deutlich, wenn wir den Dichter und seine Situation innerhalb einer linearen Zeitvorstellung sehen. Sein Leben hat sich grundlegend geändert bis hin zum Gefühl, daß alles was vorausgegangen ist, ein Traum war. So sieht etwa der Dichter seine früheren Freunde als »traege«, und die Menschen um ihn herum sind alt geworden. Doch der Abwertung seines bisherigen Lebens steht noch seine eigene Einstellung gegenüber, daß er nun das Lachen durch ein Weinen ersetzen muß: »daz ich nû für mîn lachen weinen kiesen sol.« Damit taucht scheinbar widersprüchlich sein Lachen noch als positiv auf, obwohl er ja von seinem Erkenntnisgrad her, welchen er im Augenblick der Aussage besitzt, keine Rechtfertigung zum Lachen hatte, auch früher nicht. Ähnlich geht es mit der zunächst einmal als widersprüchlich erscheinenden Aussage:

> daz müet mich inneclîchen (wir lebten ie vil wol).

Hier stellt er sein bisheriges Leben nicht negativ dar. Handelt es sich hier also im wesentlichen um eine elegische Zurückbestimmung auf »frühere und bessere Zeiten«? Daraus wäre dann der Schluß zu ziehen, daß die religiöse Negation zum Teil entkräftigt würde durch die

Eigenständigkeit der dichterischen Person und sein ihm als positiv erscheinendes, vergangenes Leben, oder anders gesagt: das persönliche Leben des Dichters wäre als integrierender Kern über die Dialektik der religiös-weltlichen Problematik zu stellen. Diese angeblichen Widersprüche lösen sich in der eigentlichen Negation selbst auf:

> wê waz spriche ich tumber man durch mînen boesen zorn?
> swer dirre wünne volget, hât jene dort verlorn.

Hier erweitert Walther die in der Minneaffirmation gebrauchte *revocatio* auf die religiöse Problematik. Sein »Sprechen« (wê waz spriche ich ...) – eben die Setzung lebensbezogener Indizien – wird abgewertet und diese Setzung wird verstanden als sprachliche Evozierung. Auch hier also haben wir die Trennung von »rede« und »werc«, wie wir sie von Hartmann von Aue her kennen, nur daß Hartmann die »rede« noch auf die Minneaffirmation beschränkte, während Walther unter »Sprechen« jegliche Affirmation von Lebensbezügen versteht. So bleiben für Walther von der Vogelweide Sprache als Sprachfiktion und das Leben und die Indizien, durch das es dargestellt werden, als etwas Uneigentliches eng miteinander verbunden. Somit löst sich auch der Widerspruch auf, den wir in der Aussage »daz müet mich inneclîchen (wir lebten ie vil wol)« vermuteten. Es handelt sich nämlich hierbei keieswegs um eine elegische Rückbesinnung, in der das vergangene Leben als »Realität« noch einmal vorgestellt wird, sondern vielmehr um die Darstellung einer Verwirrung, in die er durch seinen »boesen zorn« geraten ist. Der Fiktionsbegriff wird erweitert und umspannt nun nicht nur sprachliche Prozesse, sondern die gelebte Zeit selbst. Während im Minnesang als Kult die gelegte Zeit aufgehoben wird, in der sprachdialektischen Fiktion, wird sie hier selbst zum dialektischen Moment, als Gegenpol zur religiösen Affirmation. Die dritte Strophe ist bestimmt vom Kreuzzugsgedanken. Hier löst es die Dialektik von Lebensindizien und ihre Negation auf. Die dritte Strophe wird zunächst eingeleitet durch die Bilder von der »gallen mitten in dem honege« und von der Welt, die »ûzen schoene, wîz grüen unde rôt« ist, aber »innân« aus »swarzer varwe« besteht. Die sprachdialektische Darstellung wird hier durch eine Doppelschichtigkeit der Wirklichkeit ersetzt. Beide Bilder teilen die Welt in ein »Außen« und »Innen« auf, wobei eben das »Außen« ganz traditionsgebunden als der trügerische

Schein der Welt bezeichnet wird, und das »Innen« als der reale Kern des Verfalls und des Bösen. Diese bildhafte Doppelschichtigkeit der Welt entspricht der mittelalterlichen Teilung und Gliederung der Realität in eine *vita terrena* und eine *via Dei.* (Durch diese Doppelschichtigkeit ist das strukturelle Prinzip der Binarität, wie wir es im Minnesang als Kult als das konstitutive Moment der Wirklichkeitsgestaltung bezeichneten, durchaus nicht aufgehoben. Der Rahmen ist nur erweitert von der höfischen Kultur auf die mittelalterliche Gesellschaft und auf die ihr innewohnenden Organisationsmuster im allgemeinen.) In der dritten Strophe wird festgestellt, daß das religiöse Handeln – die Teilnahme am Kreuzzug – vor allem über sich hinaus verweist. Jetzt erscheinen wieder die »Dinge der Welt«, aber im religiösen Kontext: helme, rinc, schilte, swert. Die Funktion der Sprache hat sich verändert. Sie hat in ihrer Doppelschichtigkeit einen transzendentalen Bezug widerzuspiegeln. So ergibt sich nun für das Liedganze, daß die »Dinge«, die sich auf seine reale Lebensauffassung beziehen (liut, lant, gespilen, velt, walt), erst in der religiösen Aufhebung, also in der Negation, gegeben sind, während die »Dinge« in ihrem doppelschichtigen, i. e. »ideellen« Zusammenhang reale Substanz evozieren sollen.

Betrachten wir zusammenfassend dieses Lied unter dem Aspekt der dichterischen Persönlichkeit, und zwar zunächst einmal ausgehend von dem modernen Persönlichkeitsbegriff als integrierender Kern der dargestellten Wirklichkeit, als nicht weiter reduzierbarer Mittelpunkt der sprachlichen Aussage. Damit erhält die erlebte Zeit die eigentliche integrierende Funktion im Lied: der alte Walther besinnt sich auf sein Leben und kommt zum Schluß, daß es nur Scheinwirklichkeit besaß und den Menschen in Schuld verstrickt, die er nur von sich abwälzen kann, wenn er sein Leben in den Dienst der Kirche stellt. Wir haben oben festgestellt, daß die Erlebnisindizien (etwa velt, walt) nur in ihrer Negation innerhalb dieses Liedes möglich sind. Dasselbe gilt auch für die Affirmation der »einmaligen Persönlichkeit«. Diese Affirmation ist nur möglich in der Form einer Negierung vom Standpunkt des religiösen Bezugsrahmens. Somit gibt es also in dieser Alterselegie keinen Ansatz zu einer autonomen Persönlichkeitsvorstellung, sondern sie erscheint nur im dialektischen Sprachprozeß, als negativer Pol. Diese Tatsache führt jedoch bei Walther nicht zu einer unlösbaren Statik dialektischer Sprachprozesse, wie wir es bei Gottfried von

Straßburg festgestellt haben. Diese Statik wird überspielt in der Vielschichtigkeit der Wirklichkeit, im ordnenden Prinzip der religiösen Wirklichkeitshierarchie. Wertend kann nun der Sänger die »Dinge« der Welt und die »Dinge« im Dienste des Christentums in einen Bezugsrahmen einordnen. So ist das ganze Lied durch die Doppelschichtigkeit bestimmt: die erlebten Realindizien sind erst durch den ihnen gegenübergestellten Bezugsrahmen möglich, während dieser religiöse Bezugsrahmen im Prozeß der Auflösung sprachdialektischer Spannungsverhältnisse erst möglich wird. Somit löst sich nicht nur jeglicher Ansatz zu einem autonomen Persönlichkeitsbegriff auf, sondern auch die Möglichkeit, in der sprachdialektischen Evozierung Formen einer Wirklichkeitsauffassung zu artikulieren. Das Lied ist nicht nur Aufruf zum Kreuzzug, sondern auch Absage an den Minnesang. Im Minnesang als Kult konstituierte sich die dichterische Persönlichkeit erst im manifestierten Spannungsverhältnis sprachlicher Entsprechungen. Im Minnesang als Gesellschaftsbezug sind zwar Ansätze zu einer als autonom verstandenen Dichterpersönlichkeit gegeben, die sich jedoch auflösen. Im Minnesang als Kunst scheinen wir einem autonomen Persönlichkeitsbegriff am nächsten zu kommen, doch wird er sozusagen »ver äußerlicht«, oder präziser: er wird identisch mit den Darstellungen der künstlerischen Mittel selbst. Im Minnesang im Bezug zur Religion ist eine Hereinnahme realer Lebensindizien möglich – und somit der Ansatz zu einem autonomen Persönlichkeitsbegriff gegeben –, doch er setzt sich als solcher nicht durch, weil er nicht nur negative Funktion in einem sprachdialektischen Vorgang hat, sondern auch weil er sich innerhalb des religiösen Bezugsrahmen auflöst.

Zusammenfassung: Das Strukturprinzip der Komplementarität bestimmt den Minnesang in seiner religiösen Funktion. Wir haben dies vor allem an Walthers Lied *Frô Welt* veranschaulicht. Es handelte sich dabei nicht einfach um eine weltanschauliche Gegenüberstellung von Diesseitsgegebenheiten und Jenseitsvorstellungen und Werten. Das Prinzip der Komplementarität läßt sich vor allem auch aus den kleinsten sprachlich-poetologischen Aufbauelementen herauskristallisieren. Damit gewinnen wir eine methodologische Handhabe, ein Lied wie *Bi den liuten nieman hât* (siehe oben S. 111) aufzuschlüsseln. Die Widersprüchlichkeiten in den Strukturen dieses Liedes lassen sich isolieren. Dadurch gewinnen wir einen Einblick in das Verhältnis von

Sprache und dargestellter Wirklichkeit, im Sinne einer historisch festlegbaren Fixierung. Es wurde im Verlauf dieser Arbeit deutlich, daß bei der Entwicklung verschiedener strukturanalytischer Ansätze besonders die Lieder von Walther von der Vogelweide herangezogen wurden, weil sie eine breite inhaltliche Streuung und eine strukturelle Komplexität zeigen. Es sollte aber nicht so sehr ein Beitrag zum Verständnis von Walther geleistet werden, sondern es ging hier vielmehr um die Auffächerung strukturanalytischer Ansätze, die den Minnesang erschließen können.

Bibliographie

Allgemeines:

Barthes, R., Essais critiques. Paris 1964.

Bosl, K., Mensch und Gesellschaft in der Geschichte Europas. München 1972.

Dunbar, Flanders H., Symbolism in Medieval Thought and Its Consummation in the Divine Comedy. New Haven 1929.

Fromm, H., Hg., Der deutsche Minnesang. Aufsätze zu seiner Erforschung. Wege der Forschung 15. Darmstadt 1961.

Ittenbach, M., Der frühe deutsche Minnesang. Strophenfügung und Dichtersprache. Halle 1939.

Kuhn, H., Dichtung und Welt im Mittelalter. Stuttgart 1959.

Kuhn, H., Gattungsprobleme der mittelhochdeutschen Literatur. Bayr. Akad. d. Wiss. Phil.-Hist. Kl. 4 (1956).

Kuhn, H., Minnesang des 13. Jahrhunderts. Tübingen 1962.

Lieres und Wilkau, M. von, Sprachformeln in der mittelhochdeutschen Lyrik bis zu Walther von der Vogelweide. Münchener Texte und Untersuchungen zur deutschen Literatur des Mittelalters. IX. München 1965.

Mohr, W., Minnesang als Gesellschaftskunst. DU. 5 (1964).

Mohr, W., Vortragsform und Form als Symbol im mittelalterlichen Lied. In: Festschr. Ulrich Pretzel. Berlin 1963.

Ohly, F., Vom geistigen Sinn des Wortes im Mittelalter. ZfdA. (1958) 87.

Panofsky, E., Gothic Architecture and Scholasticism. Latrobe, Pa. 1951.

Plenio, K., Bausteine zur althochdeutschen Strophik. Beitr. 42 (1917) u. Beitr. 43 (1918).

Schweikle, G., Textkritik und Interpretation. ZfdA. 93 (1964).

Veit, W., Toposforschung. DtVjs. 37 (1963).

Wechssler, E., Das Kulturproblem des Minnesangs. Halle 1909.

Zum Strukturalismus:

Barthes, R., Essais critiques. Paris 1964.

Bastide, R., Sens et usage du terme structure dans les sciences humaines et sociales. LaHaye 1962.

DeGeorge, Richard u. Fernande, The Structuralists From Marx To Lévi-Strauss. New York 1972.

Derrida, J., De la grammatologie. Editions de Minuit. 1967.
Derrida, J., La structure, le signe et le jeu. In: L'écriture et la différence. Le Seuil 1968.
Eco, U., Einführung in die Semiotik. München 1972.
Ehrlich, V., Russian Formalism. History-Doctrine. 's-Gravenhave 1955.
Ehrmann, J., Structuralism. New York 1970.
Garvin, P., Hg., A Prague School Reader On Esthetics, Literary Structure, And Style. Washington, D.C. 1964.
Genette, G., Structuralisme et critique littéraire. L'Arc 26 (1965).
Goldmann, L., Structures mentales et créativité culturelle. Paris 1970.
Hamburger, K., Die Logik der Dichtung. Stuttgart 1968.
Hoijer, H., Language in Culture. Chicago 1963.
Jakobson, R., Fundamentals of Language. Den Haag 1956.
Lepschy, G. C., La linguistique structurale. Payot 1968.
Levin, S. R., Deviation-Statistical and Determinate in Poetic Language. Lingua 12 (1963).
Lévi-Strauss, C., Anthropologie structurale. Paris 1958.
Lévi-Strauss, C., La Structure et la forme. Cahiers de l'institute de sciences économiques appliquées 99 (1960).
Lévi-Strauss, C., u. R. Jakobson, *Les Chats* de Baudelaire. L'Homme II (1962) 5–21.
Lotman, J. u. M., Die Struktur literarischer Texte. München 1972.
Nutini, H. G., Essays In Structural Analysis. New York 1969.
Ortigues, E., Le discours et le symbole. ed. Montaigne 1962.
Piaget, J., Le structuralismes. Que sais-je? P.U.F. 1968.
Propp, V., Morphology Of The Folktale. Bloomington, Ind. 1958.
Readings In Russian Poetics. Michigan Slavic Materials 2. Ann Arbor, Mich. 1962.
Ruwet, N., L'analyse structurale de la poésie. Linguistics 2 (1963).
Schefer, J. L., Scénographie d'un tableau. Le Seuil 1968.
Schmidt, A., Geschichte und Struktur. Fragen einer marxistischen Historik. München 1971.
Sebag, L., Marxisme et structuralisme. Paris 1964.
Sebeok, T. A., Style In Language. Cambridge, Mass. 1960.
Théorie de la littérature. Textes des formalistes russes. Paris 1966.
Todorov, T., L'heritage méthodologique du formalisme. L'Homme 1 (1965).
Uspenskij, B. A., Les problèmes sémiotique du style à la lumière de la linguistique. Information sur les sciences sociales 7 (1968).

Zu den einzelnen Dichtern:

Burggraf von Regensburg:

Ipsen, E., Strophe und Lied im frühen Minnesang. Beitr. 57 (1933) 339–42.
Jungbluth, G., Zum Text des Burggrafen von Regensburg. GRM. 34 (1953) 345–48.

Kraus, C. von, Des Minnesangs Frühling. Untersuchungen. Leipzig 1939, 43–45.
Schönbach, A. E., Beiträge zur Erklärung altdeutscher Dichtwerke. Erstes Stück: Die älteren Minnesänger. Sb. d. kaiserl. Akad. d. Wiss. in Wien, Phil.-Hist. Kl. Bd. 141. Wien 1899, 8.

Dietmar von Aist:

Bäuml, F. H., Notes on the »Wechsel« of Dietmar von Aist. JEGPh. 55 (1956) 58–69.
de Boor, H., Dietmar von Eist: Ûf der linden obene... In: Deutsche Lyrik, Bd. 1, 30–42.
Hatto, A. T., Minnesangs Frühling, 40, 19ff. MLR. 33 (1938) 266–68 u. 422.
Ipsen, I., Strophe und Lied im frühen Minnesang. Beitr. 57 (1933) 345–59.
Jungbluth, G., Zu Dietmars Tagelied. In: Festschr. Pretzel. Berlin 1963, 118–27.
Koch, H., Zu Dietmar von Eist MF 40, 19f. Beitr. 61 (1937) 180–82.
Kraus, C. von, Des Minnesangs Frühling. Untersuchungen. Leipzig 1939, 75–104.
Martin, E., Zu Minnesangs Frühling 39, 19. AfdA. 17 (1891) 176.
Rathke, K., Dietmar von Aist. Diss. Greifswald. Leipzig 1932.
Schönbach, A. E., Beiträge zur Erklärung altdeutscher Dichtwerke. Erstes Stück: Die älteren Minnesänger. Sb. d. kaiserl. Akad. d. Wiss. in Wien, Phil.-Hist. Kl. Bd. 141. Wien 1899, 32–41.
Schröder, E., Blattfüllsel. ZfdA. 63 (1926) 102.
Sievers, E., Bemerkungen zu Des Minnesangs Frühling. Beitr. 12 (1887) 494–97.
Singer, S., Studien zu den Minnesängern. Beitr. 44 (1920) 431f.
Tervooren, H., und R. Weidemeier, Reimkonjekturen bei Dietmar von Aist und Friedrich von Hausen. Zur Arbeitsweise eines mittelalterlichen Interpolators und seiner modernen Kritiker. ZfdPh. 90 (1971) Sonderh., 46–65.
Warncke, P., Zum ältesten deutschen Minnesang. Teil I: Progr. Schrimm. Teil II: Progr. Myslowitz 1905.

Kaiser Heinrich:

Bründl, P., *unde bringe den wehsel, als ich waen, durch ir liebe ze grabe.* Eine Studie zur Rolle des Sängers im Minnesang von Kaiser Heinrich bis Neidhart von Reuenthal. DtVjs. 44 (1970) 409–32.
de Boor, H., Kaiser Heinrich 4, 17. Beitr. 77 (Tübingen 1955) 366–74.
Frings, T., Edelstein und Gold. In: Festschr. Panzer. Heidelberg 1950, 45–47.
Grimm, J., König Heinrichs Lieder. Germania 2 (1857) 477–80.
Haller, J., War Kaiser Heinrich VI ein Minnesänger? Neue Jbb f. d. klass. Altertum, Gesch. u. dt. Litt. 47 (1921) 109–26.
Haupt, M., De carminibus III Theoticis, quae libris Wingartensi et Parisino continentur ab Henrico VI. adjudicandis. Berlin 1857.
Ipsen, I., Strophe und Lied im frühen Minnesang. Beitr. 57 (1933) 359–66.

Jungbluth, G., Die Lieder Kaiser Heinrichs. Beitr. 85 (Tübingen 1963) 65–82.
Kraus, C. von, Des Minnesangs Frühling. Untersuchungen. Leipzig 1939, 104–15.
Meyer, K., Die Lieder Kaiser Heinrichs VI. Germania 15 (1870) 424–31.
Naumann, H., Die Hohenstaufen als Lyriker und ihre Dichterkreise. DuV. 36 (1935) 21–49.
Schenk, K., Der Verfasser der dem Kaiser Heinrich VI. zugeschriebenen Lieder. ZfdPh. 27 (1895) 474–505.
Tobin, F., Wolfram's Parzival 435, 1 and Kaiser Heinrich's ›Ich grüeze mit gesange ...‹ (MF 5, 16). MLN. 85 (1970) 373–74.

Friedrich von Hausen:

Bartsch, K., Nachahmung provenzalischer Poesie im Deutschen. Germania 1 (1856) 480–82.
Baumgarten, O., Die Chronologie der Gedichte Friedrichs von Hausen. ZfdA. 26 (1882) 105–45.
Becker, R., Zu Friedrich von Hausen. Germania 28 (1883) 272–96.
Bekker, H., Friedrich von Hausen: *Lichte ein unwiser man verwüete.* Seminar 8 (1972) 147–59.
Braun, W. F., Hausen MF 42, 1–27 und Veldeckes Eneit. ZfdA. 93 (1964) 209–14.
Brinkmann, H., Dietmar von Eist und Friderich von Husen: Minnelieder. In: Gedicht und Gedanke. Auslegungen deutscher Gedichte, hg. v. Heinz Otto Burger. Halle 1942, 29–42.
Brinkmann, H., Friedrich von Hausen. Bad Oeynhausen 1948.
Colleville, M., Les chansons allemandes de croisade en moyen haut-allemand. Paris 1936, 23–38.
de Boor, H., Friedrich von Hausen, *Mîn herze und mîn lîp* ... In: Deutsche Lyrik, Bd. 1, 35–42.
de Boor, H., Zu Hausens Kreuzzugslied 47, 9. Beitr. 87 (Tübingen 1965) 390–93.
Deuser, H., und Knut Rybka, Kreuzzugs- und Minnelyrik. Interpretationen zu Friedrich von Hausen und Hartmann von Aue. WW. 21 (1971) 402–11.
Ertzdorff, X. von, Studien zum Begriff des Herzens und seiner Verwendung als Aussagemotiv in der höfischen Liebeslyrik des 12. Jahrhunderts. Masch. Diss. Freiburg 1958, 231–42.
Hatto, A. T., The earliest extant Middle High German political Songs: Friedrich von Hausens's *›Si welnt dem tôde entrunnen sîn‹* and *›Ich gunde es guoten frouwen niet‹*. In: Festschr. Fourquet 1972, 137–45.
Husmann, H., Friedrich von Hausen. In: MGG. 4 (1955) 962–64.
Ingebrand, H., Interpretationen zur Kreuzzugslyrik Friedrichs von Hausen, Albrechts von Johannsdorf, Heinrichs von Rugge, Hartmanns von Aue und Walthers von der Vogelweide. Frankfurt 1966.
Ipsen, I., Strophe und Lied im frühen Minnesang. Beitr. 57 (1933) 366–82.

Jackson, W. T. H., Contrast imagery in the poems of Friedrich von Hausen. GR 49 (1974) 7–16.

Jellinek, M. H., Zu Minnesangs Frühling. ZfdA. 55 (1917) 372–77.

Jungbluth, G., Mîn herze und mîn lîp diu wellent scheiden. Zu Friedrich von Hausen 47, 9. Euph. 47 (1953) 241–59.

Kienast, R., Hausens *scheltliet* (MF 47, 33) und *der sumer von triere.* Sb. d. dt. Akad. d. Wiss. z. Berlin. Kl. f. Sprachen, Lit. u. Kunst 1961, 3. Berlin 1961.

Koch, H., Zu den Minnesingern. Beitr. 58 (1934) 241–56.

Kraus, C. von, Des Minnesangs Frühling. Untersuchungen, Leipzig 1939, 115–60.

Ludwig, O., Zum Text von MF 47, 19f. ZfdA. 93 (1964) 65f.

Ludwig, O., Die Rolle des Sprechers in MF 47, 9. ZfdA. 93 (1964) 123–32.

Maurer, F., Zu den Liedern Friedrichs von Hausen. Neuphil. Mitt. 53 (1952) 149–70.

Müllenhoff, K., Zu Friedrich von Hausen. ZfdA. 14 (1869) 133–43.

Müller, U., Friedrich von Hausen und der *Sumer von Triere* (MF 47, 38). ZfdPh. 90 (1971) Sonderh., 107–15.

Neunteufel, F., Zu Friedrichs von Hausen Metrik, Sprache und Stil. Progr. Czernowitz 1884.

Patzig, H., Zu Friedrich von Hausen. ZfdA. 65 (1928) 142–44.

Paul, H., Kritische Beiträge zu den Minnesingern. Beitr. 2 (1876) 422–26.

Räkel, H., Drei Lieder zum dritten Kreuzzug. DtVjs. 47 (1973) 508–50.

Richey, M. F., Essays on mediaeval German poetry. Oxford 1969.

Rieckenberg, H. J., Leben und Stand des Minnesängers Friedrich von Hausen. Arch. f. Kulturgesch. 43 (1961) 163–76.

Roediger, M., MF 48, 13ff. ZfdA. 26 (1882) 293f.

Schauber, I., Zur Entwicklung des Minnebegriffs vor Walther von der Vogelweide. (Masch.) Diss. Freiburg 1945, 54–99.

Schönbach, A. E., Beiträge zur Erklärung altdeutscher Dichtwerke. Erstes Stück: Die älteren Minnesänger. Sb. d. kaiserl. Akad. d. Wiss. in Wien, Phil.-Hist. Kl. Bd. 141. Wien 1899, 41–55.

Schröder, F. R., Zu Friedrich von Hausen, 42, 1. GRM. 42 (1961) 330f.

Singer, S., Studien zu den Minnesängern. Beitr. 44 (1920) 432–34.

Sperber, H., Der »Sumer von Triere« (MF 47, 36). Monatshefte 45 (1953) 272–76.

Spirgatis, M., Die Lieder Friedrichs von Hausen. Tübingen 1876.

Tervooren, H., Vorschläge zu einer Neugestaltung von *Des Minnesangs Frühling*, dargestellt an Friedrich von Hausen 48, 32. In: Kolloquium über Probleme altdeutscher Editionen, hg. v. H. Kuhn, K. Stackmann, D. Wuttke. Wiesbaden 1968, 106–13.

Tervooren, H., und R. Weidemeier, Reimkonjekturen bei Dietmar von Aist und Friedrich von Hausen. Zur Arbeitsweise eines mittelalterlichen Interpolators und seiner modernen Kritiker. ZfdPh. 90 (1971) Sonderh., 46–65.

Willson, H. B., »Der sumer von triere« (Hausen, MF 47, 38). MLR. 51 (1956) 414–16.

Zundel, R., Der Minnebegriff im Minnesang. (Masch.) Diss. Tübingen 1956, 35–64.

Heinrich von Veldecke:

Beyschlag, S., Ein flämelnder Veldecke (Zu MF 57, 10). In: Heinric van Feldeken. 1974, 77–86.

Betz, W., Andreas Capellanus und der Minnesang. In: Festschr. Kunisch. Berlin 1961, 16–19.

Frantzen, A. A. F. F., Veldeckes *springer im schnee.* Neophil. 5 (1920) 368.

Frings, T., Zur Sprache Veldeckes. ZfdA. 56 (1918) 281–88.

Frings, T., *Alse de sprenket in den sne.* Veldecke, MF 65, 8. Beitr. 63 (1939) 432–37.

Frings, T., und G. Schieb, Heinrich von Veldecke. Die Lieder. Beitr. 69 (1947) 1–284.

Frings, T., und G. Schieb, Heinrich von Veldecke, die Entwicklung eines Lyrikers. In: Festschr. Kluckhohn/Schneider. Tübingen 1948, 101–21.

Heinisch, K. J., Antike Bildungselemente im frühen deutschen Minnesang. Diss. Bonn. Neustadt (Oberschlesien) 1934, 73–84.

Ipsen, I., Strophe und Lied im frühen Minnesang. Beitr. 57 (1933) 382–95.

Jungbluth, G., und J. Quint, Zu Veldeckes »Schneespringer« (MF 65, 8). ZfdPh. 63 (1938) 358–64.

Kraus, C. von, Heinrich von Veldecke und die mittelhochdeutsche Dichtersprache. Mit einem Excurs von Edward Schröder, Veldecke und die Fremdwörter. Halle 1899.

Kraus, C. von, Des Minnesangs Frühling. Untersuchungen. Leipzig 1939, 160–93.

Kroes, H. W. J., Zu Heinrich von Veldecke, MF 61, 25ff.; 65, 5ff. Neophil. 11 (1926) 284f.

Leitzmann, A., Bemerkungen zu Veldecke. Beitr. 63 (1939) 431.

Maurer, F., ›Rechte‹ Minne bei Heinrich von Veldecke. Archiv 187 (1950) 1–9.

Mierlo, J. van, Zur Lösung des Veldeke-Problems. In: J. v. M., Oude en nieuwe bijdragen tot het Veldeke-Probleem. Gent 1957, 187–213.

Minis, C., Le lyriek van Henric van Veldeke binnen het kader van de diutse Minnesang. Spiegel der Letteren 2 (1958) 82–97.

Paepe, N. De, Veldeke Lyrik als Gesellschaftskunst. In: Heinric van Veldeken. 1974, 87–106.

Paul, H., Kritische Beiträge zu den Minnesingern. Beitr. 2 (1876) 421f.

Poag, J. F., Heinrich von Veldeke's *Minne*; Wolfram von Eschenbach's *Liebe* und *Triuwe.* JEGPh. 61 (1962) 721–35.

Richey, M, F., Essays on mediaeval German poetry. Oxford 1969.

Rogier, L. J., Henric van Veldecken. Inleiding tot den dichter en zijn werk met bloemlezing. Maastricht 1931.

Schauber, I., Zur Entwicklung des Minnebegriffs vor Walther von der Vogelweide. (Masch.) Diss. Freiburg 1945, 100–39.
Schieb, G., Henric van Veldeken. Heinrich von Veldecke (Samml. Metzler 42). Stuttgart 1965.
Schneider, L., Heinrich von Veldecke: Die ›Strophenpaare‹ MF 60, 29 + 65, 5 und MF 61, 18 + 61, 25. In: Mhd. Lyrik. 83–107.
Schönbach, A. E., Der Windadler Heinrichs von Veldecke. In: Festschr. von Krones. Graz 1895, 67–77.
Schönbach, A. E., Beiträge zur Erklärung altdeutscher Dichtwerke. Erstes Stück: Die älteren Minnesänger. Sb. d. kaiserl. Akad. d. Wiss. in Wien, Phil.-Hist. Kl. Bd. 141. Wien 1899, 55–73.
Schröder, E., Zu Minnesangs Frühling. ZfdA. 33 (1889) 102f.
Schröder, E., Zu den Liedern Heinrichs von Veldecke. ZfdA. 67 (1930) 127f.
Singer, S., Studien zu den Minnesängern. Beitr. 44 (1920) 434f.
Smet, G. de, Jan van Mierlo en het Veldekeprobleem (Voordrachten gehouden voor de Gelderse leergangen te Arnhem 8). Groningen 1953.
Thomas, H., Zu den Liedern und Sprüchen Heinrichs von Veldecke. Beitr. 78 (Halle 1956) 158–264.
Waesberghe, J. S. van, De melodieën van Hendrik van Veldekes liederen. Amsterdam 1957.
Waldow, H., Bindungen ungleicher Kadenzen im Minnesang. Studien zur lyrischen Strophik des Mittelhochdeutschen. (Masch) Diss. FU Berlin 1955, 5–27.
Wallner, A., Der Springer im Schnee (MF 65, 5). ZfdPh. 64 (1939) 160–62.
Werbow, S. N., Veldecke's ›My fool heart‹ (MF 56, 1): An exercise in ideotextural analysis. In: Festschr. Sehrt. 1969, 241–49.

Rudolf von Fenis:

Baldinger, E., Der Minnesänger Graf Rudolf von Fenis-Neuenburg (Neujahrsbll. d. lit. Ges. Bern N.F. 1). Bern 1923.
Bartsch, K., Über den Grafen Rudolf von Neuenburg. ZfdA. 11 (1859) 145–62.
Blaser, R. H., Le Minnesinger Rodolphe de Neuchâtel et son oeuvre dans l'histoire du lyrisme allemand du moyen-âge. Leç inaugurale d'un cours de privat-docent donnée le 5 novembre 1954 à l'Université de Neuchâtel. – Extrat du Musée Neuchâtelois Jg. 1955. Neuchâtel 1955.
Jellinek, M. H., Zu Minnesangs Frühling. ZfdA. 55 (1917) 372–77.
Jungbluth, G., Zwei Vorschläge zum Text von MF. GRM. 35 (1954) 240–42.
Kraus, C. von, Des Minnesangs Frühling. Untersuchungen. Leipzig 1939, 203–19.
Paul, H., Kritische Beiträge zu den Minnesingern. Beitr. 2 (1876) 433–37.
Pfaff, S., Rudolf von Fenis. ZfdA. 18 (1875) 44–58.
Schauber, I., Zur Entwicklung des Minnebegriffs vor Walther von der Vogelweide. (Masch.) Diss. Freiburg 1945, 137–69.

Schönbach, A. E., Beiträge zur Erklärung altdeutscher Dichtwerke. Erstes Stück: Die älteren Minnesänger. Sb. d. kaiserl. Akad. d. Wiss. in Wien, Phil.-Hist. Kl. Bd. 141. Wien 1899, 80.

Singer, S., Studien zu den Minnesängern. Beitr. 44 (1920) 436.

Stadler, H., Rudolf von Fenis and his sources. OGS. 8 (1973) 5–19.

Albrecht von Johansdorf:

Bergmann, R., Albrecht von Johannsdorf und seine Stellung im deutschen Minnesang. DU 19 (1967) 32–50.

Bergmann, R., Untersuchungen zu den Liedern Albrechts von Johannsdorf. Diss. Freiburg 1963.

Betz, W., Andreas Capellanus und der Minnesang. In: Festschr. Kunisch. Berlin 1961, 16–19.

Braune, W., Zu Albrecht von Johannsdorf. Beitr. 27 (1902) 69–74.

Colleville, M., Les chansons allemandes de croisade en moyen haut-allemand. Paris 1936, 39–53.

Fülleborn, U., Die Motive Kreuzzug und Minne und das Gestaltungsprinzip in den Liedern Albrechts von Johansdorf. Euph. 58 (1964) 337–74.

Götze, A., Gewollte Unkunst im Frauenlied? Beitr. 61 (1937) 183–85.

Halbach, K. H., Walther von der Vogelweide und die Dichter von Minnesangs Frühling (Tübinger germanist. Arbeiten 3). Stuttgart 1927, 28–44.

Hornoff, J., Der Minnesänger Albrecht von Johansdorf. Germania 33 (1888) 385–437 u. ebd. 34 (1889) 75–112.

Ingebrand, H., Interpretationen zu Kreuzzugslyrik Friedrichs von Hausen, Heinrichs von Rugge, Albrechts von Johannsdorf, Hartmanns von Aue und Walthers von der Vogelweide. Frankfurt 1966.

Kraus, C. von, Des Minnesangs Frühling. Untersuchungen. Leipzig 1939, 219–37.

Mülder, D., Albrecht von Johannsdorf. Ein Beitrag zur mittelhochdeutschen Metrik. Progr. Osnabrück 1894.

Pretzel, U., Die Kreuzzugslieder Albrechts von Johansdorf. In: Festschr. Hammerich. Kopenhagen 1962, 229–44.

Räkel, H., Drei Lieder zum dritten Kreuzzug. DtVjs. 47 (1973) 508–50.

Richey, M. F., Essays on mediaeval German poetry. Oxford 1969.

Schirmer, K., Rhetorisches im Kreuzlied Albrechts von Johansdorf: *Die hinnen varn, die sagen durch got* (MF 89, 21). In: Mediaevalie litteraria. 1972, 229–53.

Schönbach, A. E., Beiträge zur Erklärung altdeutscher Dichtwerke. Erstes Stück: Die älteren Minnesänger. Sb. d. kaiserl. Akad. d. Wiss. in Wien, Phil.-Hist. Kl. Bd. 141. Wien 1899, 80–89.

Schröder, E., Bogenfüllsel. ZfdA. 67 (1930) 272.

Wentzlaff-Eggebert, F., Kreuzzugsdichtung des Mittelalters. Studien zu ihrer geschichtlichen und dichterischen Wirklichkeit. Berlin 1960.

Wolfram, G., Kreuzpredigt und Kreuzlied. ZfdA. 30 (1886) 111-14.

Heinrich von Rugge:

Brinkmann, H., Rugge und die Anfänge Reinmars. In: Festschr. Kluckhohn/Schneider. Tübingen 1948, 498–527.

Halbach, K. H., Walther von der Vogelweide, Heinrich von Rugge, und ›Pseudo Reinmar‹. ZfdA. 65 (1928) 145–76.

Ingebrand, H., Interpretationen zur Kreuzzugslyrik Friedrichs von Hausen, Heinrichs von Rugge, Albrechts von Johannsdorf, Hartmanns Aue und Walthers von der Vogelweide. Frankfurt 1966.

Kraus, C. von, Des Minnesangs Frühling. Untersuchungen. Leipzig 1939, 237–55.

Paul, H., Kritische Beiträge zu den Minnesingern. Beitr. 2 (1876) 487–545.

Paus, F. J., Das Liedercorpus des Heinrich von Rugge, Diss. Freiburg 1965.

Paus, F. J., Heinrich von Rugge und Reinmar der Alte. DU. 19 (1967) 17–31.

Schmidt, E., Reinmar von Hagenau und Heinrich von Rugge. Eine litterarhistorische Untersuchung (QF. 4). Strassburg 1874.

Schönbach, A. E., Beiträge zur Erklärung altdeutscher Dichtwerke. Erstes Stück: Die älteren Minnesänger. Sb. d. kaiserl. Akad. d. Wiss. in Wien, Phil.-Hist. Kl. Bd. 141. Wien 1899, 89–97.

Singer, S., Studien zu den Minnesängern. Beitr. 44 (1920) 436.

Steller, W., Der Leich Walthers von der Vogelweide und sein Verhältnis zum religiösen Leich. Beitr. 45 (1921) 357–60.

Wentzlaff-Eggebert, F., Kreuzzugsdichtung des Mittelalters. Studien zu ihrer geschichtlichen und dichterischen Wirklichkeit. Berlin 1960.

Bernger von Horheim:

Buchholz, E., Die Lieder des Minnesingers Bernger von Horheim nach Sprache, Versbau, Heimat und Zeit. Progr. Emden 1889.

Kraus, C. von, Des Minnesangs Frühling. Untersuchungen. Leipzig 1939, 255–64.

Schönbach, A. E., Beiträge zur Erklärung altdeutscher Dichtwerke. Erstes Stück: Die älteren Minnesänger. Sb. d. kaiserl. Akad. d. Wiss. in Wien, Phil.-Hist. Kl. Bd. 141. Wien 1899, 98–104.

Schröder, E., MF 113, 17. ZfdA. 67 (1930) 196.

Schröder, E., Bogenfüllsel. ZfdA. 67 (1930) 272.

Heinrich von Morungen:

Bartsch, K., Zu Heinrich von Morungen. Germania 3 (1858) 304–07.

Bauer, G., Zu Heinrich von Morungen. 139, 19. Euph. 53 (1959) 219–22.

Börner, P., Zu MF 131, 25f. ZfdPh. 90 (1971) Sonderh., 115–23.

Bützler, C., Heinrich von Morungen und der edele Moringer. ZfdA. 79 (1942) 180–209.

Chambers, W. W., Heinrich von Morungen: MF 131, 9–16. MLR. 54 (1959) 404f.

de Boor, H., Heinrich von Morungen: *Ich wêne nieman lebe* ... In: Deutsche Lyrik, Bd. 1, 43–47.

Dronke, P., Medieval Latin and the Rise of European Love Lyric. Volume I: Problems and Interpretations. Oxford 1965, 125–36.

Drygalski, E. von, Heinrich von Morungen und Ovid. Diss. Göttingen 1928.

Entwhistle, W. J., The noble Moringer. Modern Language Forum 34 (1949) 3–10.

Ertzdorff, X. von, Studien zum Begriff des Herzens und seiner Verwendung als Aussagemotiv in der höfischen Liebeslyrik des 12. Jahrhunderts. (Masch.) Diss. Freiburg 1958, 255–63.

Ertzdorff, X. von, Die Dame im Herzen und das Herz bei der Dame. Zur Verwendung des Begriffs »Herz« in der höfischen Liebeslyrik des 11. und 12. Jahrhunderts. ZfdPh. 84 (1965) 36–39.

Fortmann, D., Studien zur Gestaltung der Lieder Heinrichs von Morungen. Diss. Tübingen 1966.

Frings, T., *fier* bei Morungen? Beitr. 70 (1948) 431–34.

Frings, T., Erforschung des Minnesangs. FuF. 26 (1950) 9–16 u. 39–43. Erweiterte Fassung: Beitr. 87 (Halle 1965) 1–39.

Frings, T., und E. Lea, Das Lied vom Spiegel und von Narziss. Morungen 145, 1. Kraus 7. Minnelied, Kanzone, Hymnus. Beobachtungen zur Sprache der Minne. Deutsch, Provenzalisch, Französisch, Lateinisch. Beitr. 87 (Halle 1965) 40–200.

Frings, T., Ein Morungenporträt. Beitr. 88 (Halle 1967) 91–99.

Goldin, F., The Mirror of Narcissus in the Courtly Love Lyric. Cornell University Press. Ithaca, New York 1967, 107–66.

Gottschau, E., Über Heinrich von Morungen. Beitr. 7 (1880) 335–408.

Grünanger, C., Heinrich von Morungen e il probleme del Minnesang. Parte prima: Il probleme del Minnesang. Prefazione di V. Erante. Milano 1948.

Halbach, K. H., Walther von der Vogelweide und die Dichter von Minnesangs Frühling (Tübinger germanist. Arbeiten 3). Stuttgart 1927, 44–67.

Halbach, K. H., Ein Zyklus von Morungen. ZfdPh. 54 (1929) 401–37.

Harvey, R.: ›Mîn arme‹: A textual crux in Heinrich von Morungen's Tagelied. Beitr. 86 (Tübingen 1964) 266–97.

Heinisch, K. J., Antike Bildungselemente im frühen deutschen Minnesang. Diss. Bonn. Neustadt (Oberschlesien) 1934, 94–111.

Hruby, A., Historische Semantik in Morungens ›Narzissuslied‹ und die Interpretation des Textes. DtVjs. 42 (1968) 1–22.

Huisman, J. A., Die Strophenfolge in Morungens Tagelied und anderen Gedichten. ZfdPh. 87 (1968) Sonderh., 72–83.

Jungbluth, G., Vorzugsweise Textkritisches zu Heinrich von Morungen. In: Festschr. Quint. Bonn 1964, 141–47.

Kesting, P., Maria-Frouwe. Über den Einfluß der Marienverehrung auf den Minnesang bis Walther von der Vogelweide. (Medium Aevum 5). München 1965, 93–113.

Kibelka, J., Heinrich von Morungen. Lied und Liedfolge als Ausdruck mittelalterlichen Kunstwollens. (Masch.) Diss. Tübingen 1949.

Kircher, A., Dichter und Konvention. Zum gesellschaftlichen Realitätsproblem der deutschen Lyrik um 1200 bei Walther von der Vogelweide und seinen Zeitgenossen. Düsseldorf 1973.

Kraus, C. von, Zu den Liedern Heinrichs von Morungen. Abh. d. kgl. Ges. d. Wiss. zu Göttingen, Phil.-Hist. Kl., N.F. Bd. 16, 1. Berlin 1916.

Kraus, C. von, Des Minnesangs Frühling. Untersuchungen. Leipzig 1939, 272–340.

Kroes, H. W. J., Das Tagelied Heinrichs von Morungen (143, 22).. Neophil. 34 (1950) 141-43.

Kroes, H. W. J., Morungens Elbenlied (126, 8). Neophil. 37 (1953) 51f.

Kuhn, H., Heinrich von Morungen, Dô taget ez. In: Mein Gedicht, hg. v. Dieter E. Zimmer. Wiesbaden 1961, 165–69.

Lemcke, E., Textkritische Untersuchungen zu den Liedern Heinrichs von Morungen. Diss. Jena. Jena/Leipzig 1897.

Lohmann, A., Metrisch-rhythmische Untersuchungen zu Heinrich von Morungen. Diss. München 1908.

Ludwig, O., Heinrich von Morungen. Zur Ordnung der Strophen in MF 138, 17. GRM. 46 (1965) 329–36.

Ludwig, O., Komposition und Bildstruktur. Zur poetischen Form der Lieder Heinrichs von Morungen. ZfdPh. 87 (1968) Sonderh., 48–71.

Maurer, F., Über das Verhältnis von rhythmischer Gliederung und Gedankenführung in den Strophen Heinrichs von Morungen. Festschr. Trier. Meisenheim/Glan 1954, 163–72.

Maurer, F., Zur Chronologie der Lieder Heinrichs von Morungen. In: Trier. Köln/Graz 1964, 304–12.

Menhardt, H., Zur Lebensbeschreibung Heinrichs von Morungen. ZfdA. 70 (1933) 209–34.

Menhardt, H., Neues über Heinrich von Morungen. FuF. 10 (1934) 110f.

Menhardt, H., Heinrich von Morungen am Stauferhofe? Zu MF 122, 1ff. und 134, 14ff. ZfdA. 73 (1936) 253–60.

Menhardt, H., Heinrichs von Morungen Indienfahrt. Hist. Vjs. 31 (1938) 251–74.

Michel, F., Heinrich von Morungen und die Troubadours. Ein Beitrag zur Betrachtung des Verhältnisses zwischen deutschem und provenzalischem Minnesang (QF. 38). Strassburg 1880.

Mohr, W., Vortragsform und Form als Symbol im mittelalterlichen Liede. In: Festschr. Pretzel. Berlin 1963, 132–35.

Morrall, E. J., Light Imagery in Heinrich von Morungen. London Medieval Studies II, 1 (1951) 116–24.

Morrall, E. J., Minnesangs Frühling, 125, 19ff. MLR. 52 (1957) 238f.

Morrall, E. J., Heinrich von Morungen's Conception of Love. GLL. 13 (1959–60) 81–87.

Naumann, H., Morungen, Björn und Gunnlaug. Beitr. 72 (1950) 386–92.

Naumann, W., Heinrich von Morungen: *Owe, sol aber iemer me*... In: W. N., Traum und Tradition in der deutschen Lyrik (Sprache und Literatur 32). Stuttgart/Berlin/Köln/Mainz 1966, 44–54.

Neckel, G., Zu Heinrich von Morungen. Beitr. 46 (1922) 156–64.

Objartel, G., Morungens Strophe *Sît si herzen liebe heizent minne* (MF 132, 19) und ihre Nachwirkung. ZfdPh. 87 (1968) Sonderh., 84–91.

Objartel, G., und P. Rennings, Morungens Sprache als Problem der Textkritik. ZfdPh. 87 (1968) Sonderh., 35–47.

Paul, H., Kritische Beiträge zu den Minnesingern. Beitr. 2 (1876) 546–50.

Pretzel, U., Zwei Gedichte Heinrichs von Morungen. In: Festschr. Öhmann (Annales Academiae Scientiarum Fennicae. Ser. B. 84). Helsinki 1954, 569–86.

Pretzel, U., Drei Lieder Heinrichs von Morungen (MF 127, 1; 131, 25; 136, 1). In: Mhd. Lyrik. 1969, 109–20.

Restrup, O., Heinrich von Morungen. En middelhojtysk digter (Studier i Tysk Filologi 1). Kopenhagen 1938.

Richey, M. F., Essays on mediaeval German poetry. Oxford 1969.

Rodewald, D., Morungens Lied vom Singen (MF 133, 13). ZfdA. 95 (1966) 281–93.

Rössner, O., Untersuchungen zu Heinrich von Morungen. Ein Beitrag zur Geschichte des Minnesangs. Berlin 1898.

Ruh, K., Das Tagelied Heinrichs von Morungen. Trivium 2 (1944) 173–77.

Schauber, I., Zur Entwicklung des Minnebegriffs vor Walther von der Vogelweide. (Masch.) Diss. Freiburg 1945, 170–246.

Schlosser, H. D., Heinrich von Morungen: Von der Elbe wirt entsên vil manic man. (MF 126, 8). In: Mhd. Lyrik. 1969, 121–25.

Schneider, H., Morungens Elbenlied. In: Festschr. Baesecke. Halle 1941, 176–89.

Schneider, H., Heinrich von Morungen, Venus und Helena. DuV. 42 (1942) 32–40.

Schröder, E., Zu Minnesangs Frühling. ZfdA. 33 (1889) 104–07.

Schröder, F. R., Morungens Dichterrache. GRM. 32 (1950/51) 318f.

Schröder, F. R., Heinrich von Morungen 139, 19. GRM. 46 (1965) 113–18.

Schröder, F. R., Morungen und Goethe? GRM. 46 (1965) 337–40.

Schröder, F. R., Heinrich von Morungen. GRM. 18 (1968) 337–48.

Schütze, K., Die Lieder Heinrichs von Morungen auf ihre Echtheit geprüft. Diss. Kiel 1890.

Schweikle, G., Textkritik und Interpretation. Heinrich von Morungen Sît siu herzeliebe heizent minne (MF 132, 19). ZfdA. 93 (1964) 73–107.

Schweikle, G., Eine Morungen-Parodie Walthers? Zu MF 145, 33. In: Mediaevalia litteraria. 1972, 305–14.

Schwietering, J., Der Liederzyklus Heinrichs von Morungen. ZfdA. 82 (1948/50) 77–104.

Sievers, Zu Heinrich von Morungen. Beitr. 50 (1927) 331–51.

Singer, S., Studien zu den Minnesängern. Beitr. 44 (1920) 436–47.

Singer, S., Carl von Kraus zum 20. April 1918. Bern 1918.

Stopp, H., Zu Morungens Tageliedwechsel. Euph. 64 (1970) 51–58.

Tubach, F. C., Wechselform und Tageliedsituation in dem Tageliedwechsel MF 143, 22) Heinrichs von Morungen. ZfdPh. 79 (1960) 309–15.

Tubach, F. C., In sô hôe swebender wunne (MF 127, 19) by Heinrich von Morungen. An Essay on medieval symbolic structures. DtVjs. 43 (1969) 193–203.

Waldow, H., Bindungen ungleicher Kadenzen im Minnesang. Studien zur lyrischen Strophik des Mittelhochdeutschen. (Masch.) Diss. FU Berlin 1955, 28–56.

Wapnewski, P., Morungens Tagelied. Istituto Universitario Orientale Annali. Sexione germanica 4 (1961), 1–10.

Wisniewski, R., Narzissmus bei Heinrich von Morungen. In: Festschr. de Boor. Tübingen 1966, 20–32.

Zundel, R., Der Minnebegriff im Minnesang. (Masch.) Diss. Tübingen 1956, 105–26.

Reinmar der Alte:

Bertau, K., Überlieferung und Authentizität bei den Liedern Reinmars des Alten. ZfdPh. (1969) 409–32.

Beutler, M., Literarische Beziehungen zwischen Reinmar von Hagenau und Walther von der Vogelweide. Ein Beitrag zur Dichtung Reinmars und zur Reinmar-Walther-Fehde. (Masch.) Diss. Tübingen 1960.

Birkhan, H., Reinmar, Walther und die Minne. Zur ersten Dichterfehde am Wiener Hof. Beitr. 93 (1971) 168–212.

Birkhan, H., Manger zuo den vrouwen gât ... Zur Textkritik und Interpretation von Reinmars Lied 170, 1 in ›Minnesangs Frühling‹. Sprachkunst 2 (1971) 81–92.

Brinkmann, H., Rugge und die Anfänge Reinmars. In: Festschr. Kluckhohn/Schneider. Tübingen 1948, 498–527.

Büscher, K., *Sô wol dir, wîp* ... Beitr. 66 (1942) 338–43.

Burdach, K., Reinmar der Alte und Walther von der Vogelweide. Leipzig 1880.

Colleville, M., Les chansons allemandes de croisade en moyen haut-allemand. Paris 1936, 54–62.

de Boor, H., Reinmar von Hagenau: *Niemen seneder suoche* ... In: Deutsche Lyrik, 48–51.

Dittrich, M., Reinmars Kreuzlied (MF 181, 13). In: Festschr. Wolff. Neumünster 1962, 241–64.

Ebner, A., Vergleichung des Strophenbaues bei Reinmar dem Alten und Walther. Im Anhang einige Notizen über das österreichische Geschlecht der Hagenauer. Progr. Oberhollabrunn 1892.

Ertzdorff, X. von, Studien zum Begriff des Herzens und seiner Verwendung als Aussagemotiv in der höfischen Liebeslyrik des 12. Jahrhunderts. (Masch.) Diss. Freiburg 1958, 247–55.

Ertzdorff, X. von, Das Ich in der höfischen Liebeslyrik des 12. Jahrhunderts. Archiv 197 (1961), 9–13.

Ertzdorff, X. von, Die Dame im Herzen und das Herz bei der Dame. Zur Verwendung des Begriffs »Herz« in der höfischen Liebeslyrik des 11. und 12. Jahrhunderts. ZfdPh. 84 (1965) 31–34.

Ertzdorff, X. von, Reinmar von Hagenau: Wiest ime zu muote wundert mich (MF 153, 14). In: Mhd. Lyrik. 1969, 153–68.

Halbach, K. H., Walther von der Vogelweide und die Dichter von Minnesangs Frühling (Tübinger germanist. Arbeiten 3). Stuttgart 1927, 67–102.

Halbach, K. H., Walther von der Vogelweide, Heinrich von Rugge und ›Pseudo Reinmar‹. ZfdA. 65 (1928) 145–76.

Halbach, K. H., Walther-Studien. I. Die »Neunzigerlieder« und die mittlere Fehde zwischen Walther und Reinmar. ZfdPh. 65 (1940) 142–72.

Hammerich, L. L., Gottfried von Strassburg über Reinmar von Hagenau (Tristan 4774ff.). GRM. 33 (1951/52) 156f.

Haupt, M., Reinmar der Alte und Walther von der Vogelweide (Gießener Beitr. z. dt. Philol. 58). Gießen 1938.

Hein, A., Walther von der Vogelweide im Urteil der Jahrhunderte (bis 1700). Ein Beitrag zur literarischen Erschließung des Waltherbildes. Diss. Greifswald 1934, 13–17.

Jellinek, M. H., Zu den pseudoreinmarischen Gedichten. Beitr. 45 (1921) 71–79.

Kaiser, G., Beiträge zu den Liedern des Minnesängers Rubin. München 1969.

Kirchberger, L., Gottfried on Reinmar. Monatshefte 56 (1964) 167–73.

Kircher, A., Dichter und Konvention. Zum gesellschaftlichen Realitätsproblem der deutschen Lyrik um 1200 bei Walther von der Vogelweide und seinen Zeitgenossen. Düsseldorf 1973.

Kralik, D., Walther gegen Reinmar. Sb. d. österr. Akad. d. Wiss., phil.-hist. Kl., Bd. 230, 1. Abh. Wien 1955.

Kraus, C. von, Des Minnesangs Frühling. Untersuchungen. Leipzig 1939, 341–412.

Lachenmaier, G., Walther- und Reinmarfragen. ZfdPh. 60 (1935) 1–11.

Lang, M., Ein Reinmarfund. Beitr. 59 (1935) 453f.

Langenbucher, H., Liebe und Geliebte in der Dichtung Reinmars von Hagenau. ZfdB. 4 (1928) 456–63.

Maurer, F., Die »Pseudoreinmare«. Fragen der Echtheit, der Chronologie und des »Zyklus« im Liedercorpus Reinmars des Alten. Abh. d. Heidelberger Akad. d. Wiss., Phil.-Hist. Kl. Jg. 1966, 1. Abh. Heidelberg 1966.

Nagel, B., Hartmann ›zitiert‹ Reinmar. *Iwein* 1–30 und MF 150, 10–18. Euph. 63 (1969) 6–69.

Neumann, F., Reinmars Lied: Ein wîser man sol niht ze vil (MF 162, 7). In: Mhd. Lyrik. 1969, 153–68.

Nordmeyer, H. W., Der Ursprung der Reinmar-Walther-Fehde. Ein Problem der Textkritik. JEGPh. 28 (1929) 203–14.

Nordmeyer, H. W., Ein Anti-Reinmar. PMLA. 45 (1930) 629–83.

Nordmeyer, H. W., Fehde und Minne bei Reinmar von Hagenau. MF 175, 1. JEGPh. 29 (1930) 18–40.

Nordmeyer, H. W., Der hohe Mut bei Reinmar von Hagenau. MF 179, 3. JEGPh. 31 (1932) 360–94.

Nordmeyer, H. W., Zum Übersetzen mittelhochdeutscher Lyrik: Ein Lied von hoher Minne. Monatshefte 33 (1941) 193–97.

Nordmeyer, H. W., Hohe Minne bei Reinmar von Hagenau. MF 176, 5. In: Festschr. Singer. Durham 1941, 158–82.

Nordmeyer, H. W., Minnesangforschung und Psychologie. Monatshefte 34 (1942) 274–79.

Ortner, M., Reinmar der Alte. Die Nibelungen. Oesterreichs Antheil an der deutschen Nationalliteratur. Wien 1887.

Paul, H., Kritische Beiträge zu den Minnesingern. Beitr. 2 (1876) 487–545.

Paus, F. J., Das Liedercorpus des Heinrich von Rugge. Diss. Freiburg 1965, 97–128.

Paus, F. J., Heinrich von Rugge und Reinmar der Alte. DU. 19 (1967) 17–31.

Regel, E., Zu Reinmar von Hagenau. Germania 19 (1874) 149–82.

Richey, M. F., Essays on mediaeval German poetry. Oxford 1969.

Schmidt, E., Reinmar von Hagenau und Heinrich von Rugge. Eine litterarhistorische Untersuchung. Diss. Strassburg 1874.

Schneider, H., Die Lieder Reinmars des Alten. Ein Versuch. DtVjs. 17 (1939) 312–42.

Schweikle, G., Steckt im *Sumerlaten*-Lied Walthers von der Vogelweide (L. 72, 31) ein Gedicht Reinmars des Alten? ZfdPh. 87 (1968) Sonderh., 131–53.

Schweikle, G., War Reinmar ›von Hagenau‹ Hofsänger zu Wien? In: Gestaltungsgeschichte. 1971, 1–31.

Singer, S., Studien zu den Minnesängern. Beitr. 44 (1920) 447–51.

Vogt, F., Strophenbindung bei Reinmar von Hagenau. ZfdA. 58 (1921) 205–16.

Wagner, B., Vom Verhältnis Walthers von der Vogelweide zu Reinmar. ZfdA. 62 (1925) 67–75.

Waldow, H., Bindungen ungleicher Kadenzen im Minnesang. Studien zur lyrischen Strophik des Mittelhochdeutschen. (Masch.) Diss. FU Berlin 1955, 57–81.

Wapnewski, P., Reinmars Rechtfertigung. Zu MF 196, 35 u. 165, 10. In: Festschr. Norman. London 1965, 71–83.

Wilhelm, F., Zur Frage nach der Heimat Reinmars des Alten und Walthers von der Vogelweide. Münchener Museum f. Philol. d. Mittelalters u. d. Renaissance 3 (1915–18) 1–15 u. 231.

Zundel, R., Der Minnebegriff im Minnesang. (Masch.) Diss. Tübingen 1956, 65–104.

Hartmann von Aue:

Blattmann, E., Die Lieder Hartmanns von Aue (Philol. Studien u. Quellen 44). Berlin 1968.

Bostock, J. K., »Ritterlîche Vrouwen – Armiu Wîp«. MLR. 54 (1959) 233–35.

Brackert, H., Hartmann von Aue: Mich hat beswaeret mînes herren tôt. Zu MF 205, 1. In: Mhd. Lyrik. 1969, 169–84.

Colleville, M., Les chansons allemandes de croisade en moyen haut-allemand. Paris 1936, 63–72.

Deuser, K., und Knut Rybka, Kreuzzugs- und Minnelyrik. Interpretationen zu Friedrich von Hausen und Hartmann von Aue. WW. 21 (1971) 402–11.

Eis, G., Stammt das Kreuzlied »Ich var mit iuwern hulden« von Hartmann von Aue? Euph. 46 (1952) 276–79.

Gutenbrunner, S., Hartmanns Ausfahrt im Zeichen des Evangelisten und des Täufers. ZfdPh. 78 (1959) 239–58.

Heinzel, R., Über die Lieder Hartmanns von Aue. ZfdA. 15 (1872) 125–40.

Kuhn, H., Hartmann von Aue als Dichter. DU. 5 (1953) 11–27.

Kuhn, H., Minnesang als Aufführungsform. Hartmanns Kreuzlied MF 218, 5. In: Formal Aspects of Medieval German Poetry. Symposium 1966. University of Texas Press 1966.

Ingebrand, H., Interpretationen zur Kreuzzugslyrik Friedrichs von Hausen, Albrechts von Johansdorf, Heinrichs von Rugge, Hartmanns von Aue und Walthers von der Vogelweide. Frankfurt 1966.

Jellinek, M. H., Zu Hartmanns Lyrik. Beitr. 45 (1921) 59–71.

Jungbluth, G., Das dritte Kreuzlied Hartmanns. Ein Baustein zu einem neuen Hartmannbild. Euph. 49 (1955) 145–62.

Kauffmann, H., Über Hartmanns Lyrik. Diss. Leipzig 1884.

Kemper, K., Zum Verständnis der Metapher *Kristes bluomen*, Hartmann von Aue 210, 37. ZfdPh. 90 (1971) Sonderh., 123–33.

Kienast, R., Das Hartmann-Liederbuch C², Sb. d. dt. Akad. d. Wiss. zu Berlin, Kl. f. Sprachen, Lit. u. Kunst 1963. Berlin 1963.

Kraus, C. von, Des Minnesangs Frühling. Untersuchungen. Leipzig 1939, 412–73.
Maurer, F., Über das Leid in den Dichtungen Hartmanns von Aue. Euph. 45 (1950) 165–85.
Maurer, F., Hartmann von Aue. In: Die großen Deutschen. Deutsche Biographie. Bd. 5. Berlin 1957, 48–56.
Nagel, B., Hartmann ›zitiert‹ Reinmar. *Iwein* 1–30 und MF 150, 10–18. Euph. 63 (1969) 6–69.
Naumann, H., Zu Hartmanns Lyrik. Beitr. 44 (1920) 289–301.
Neumann, F., Wann dichtete Hartmann von Aue? In: Festschr. Panzer. Heidelberg 1950, 59–72.
Paul, H., Zu Hartmanns Liedern. Beitr. 2 (1876) 172–76.
Richey, M. F., Essays on mediaeval German poetry. Oxford 1969.
Salmon, P., The underrated lyrics of Hartmann von Aue. MLR. 66 (1971) 810–25.
Saran, F., Über Hartmann von Aue als Lyriker. Eine literarhistorische Untersuchung. Diss. Halle 1889.
Saran, F., Über Hartmann von Aue. Beitr. 23 (1898) 1–108.
Schönbach, A. E., Über Hartmann von Aue. Drei Bücher Untersuchungen. Graz 1894.
Schulte, A., Eine neue Hypothese über die Heimat Hartmanns von Aue. ZfdA. 41 (1897) 261–82.
Seiffert, L., Hartmann von Aue and his lyric poetry. OGS. 3 (1968) 1–29.
Sievers, E., Zur inneren und äußeren Chronologie der Werke Hartmanns von Aue. In: Festschr. Strauch. Halle 1932, 53–66.
Sparnaay, H., Hartmann von Aue. Studien zu einer Biographie. Bd. 1, Halle 1933. Bd. 2, Halle 1938.
Sparnaay, H., Mîn her Salatîn. GRM. 22 (1934) 477–79.
Sparnaay, H., Nachträge zu »Hartmann von Aue«. Neophil. 29 (1944) 107–16.
Sparnaay, H., Zu Hartmanns Kreuzzugslyrik. DtVjs. 26 (1952) 162-77.
Sparnaay, H., Brauchen wir ein neues Hartmannbild? DtVjs. 39 (1965) 639–49.
Stöckli, A. P., Hartmann von Aue. Neue Ergebnisse der Forschung. Basel/Fribourg 1933.
Stolte, H., Hartmanns sogenannte Witwenklage und sein drittes Kreuzlied. DtVjs. 25 (1951) 184–98.
Wapnewski, P., Hartmann von Aue (Samml. Metzler 17). Stuttgart 1962.
Wentzlaff-Eggebert, F., Hartmann von Aue: Dem kriuze zimt wol reiner muot. In: Wege zum Gedicht, hg. v. R. Hirschenauer u. A. Weber. München/Zürich 1956, 45–53.
Wilmanns, W., Zu Hartmanns von Aue Liedern und Büchlein. ZfdA. 14 (1869) 144–45.
Wolff, L., Hartmann von Aue. WW. 9 (1959) 12–24.

Ziesche, G., Studien zum lyrischen Wortschatz Hartmanns von Aue. Diss. Marburg 1963.

Zingerle, I., Christi Blumen. Germania 19 (1874) 182f. – Erg. ZfdPh. 11 (1880) 482f.

Walther von der Vogelweide:

Ackermann, F., Zum Verhältnis von Wort und Weise im Minnesang. WW. 9 (1959) 300–11.

Bachofer, W.: Walther von der Vogelweide: *Aller werdekeit ein füegerinne.* In: Mhd. Lyrik (1968) 185–203.

Beyschlag, S., Herzeliebe und Mâze. Zu Walther 46, 32. Beitr. 67 (1945) 386–401.

Beyschlag, S., Zur Überlieferungsgeschichte von Walthers Elegie. Beitr. 82 (1960) 120–44.

Borck, K.H., Walthers Lied: Aller werdekeit ein füegerinne (46, 32). In: Festschr. Trier. 1965, 313–34.

Bostock, J.K., Walther von der Vogelweide, 124, 10–12. MLR. 47 (1952) 210.

Braune, W., Zu Walther 42, 15. Beitr. 41 (1916) 189ff. – Nachtrag, Beitr. 42 (1917) 134.

Brinkmann, H., Liebeslyrik der deutschen Frühe. Düsseldorf 1952.

Brinkmann, H., Walthers Elegie. WW. 5 (1954/55) 198–204.

Bungarten, T.A., *Min sele müeze wol gevarn* (67, 20). Walthers ›Alterston‹ (66, 21–68–7). ZfdPh. 90 (1971) Sonderh., 136–42.

Fechter, W., Galle und Honig: Eine Kontrastformel in der mittelhochdeutschen Literatur. Beitr. zur Geschichte d. dt. Sprache u. Lit., 80, 107–42.

Frings, T., Walther 124, 10. Beitr. 67 (1945) 240–42.

Frings, T., Galle und Honig: Walther 124, 36. Beitr. 75 (1953) 304–05.

Fromm, H., Hg., Der deutsche Minnesang. Bad Homburg 1961.

Gruenter, R., Das wunnecliche tal. Euph. 55 (1961) 341–404.

Halbach, K.H., Walther von der Vogelweide. (Samml. Metzler 16). Stuttgart 1965.

Heinen, H., Walther's ›Owe, hovelichez singen‹: A re-examination. In: Saga og språk. 1974, 273–86.

Helm, K., Tandaradei. Beitr. 77 (Tübingen 1955) 252–53.

Helm, K., Zu Walther 124, 1. Beitr. 62 (1938) 158–9.

Hoffmann, W., Walthers sogenannte Elegie. ZfdPh. 87 (1968) Sonderh., 108–31.

Huisman, J.A., Neue Wege zur dichterischen und musikalischen Technik Walthers von der Vogelweide. Utrecht 1960.

Jellinek, M.H., Zu Walther 124, 1ff. Beitr. 49 (1925) 472–73.

Jungbluth, G., Walthers Abschied (100, 24). DtVjs. 32 (1958) 372–90.

Kaufmann, E., Zu Walther 124, 7; von kinde bin geborn. ZfdPh. 81 (1962) 316–22.
Kerstiens, L., Walthers Lied von der wahren Minne (66, 21). WW. 5 (1954/55) 129–33.
Kindt, K., Mit saelden müeze ich hiute ûf stên ... (124, 18). Zeitwende 16 (1940) 859–80.
Klein, K. K., ›Summa vitae‹. Zur Interpretation des Liedes 66, 21 von Walther von der Vogelweide. In: Festschr. Karl Pivec. Innsbruck 1966, 213–20.
Kolb, H., Der Begriff der Minne und das Entstehen der höfischen Lyrik. Tübingen 1958.
Kralik, D., Die Elegie Walthers von der Vogelweide. Sitzungsber. d. österr. Akad. d. Wiss., Phil.-Hist. Kl. 228. Wien 1952.
Kraus, C. von, Zu Walthers Elegie (124, 1). Konrad Zwierzina zum 29. März 1924. Graz/Wien/Leipzig 1924.
Kraus, C. von, Über Walthers Lied: Ir reinen wip, ir werden man (66, 21). Germanistische Forschungen. Wien 1925, 105–16.
Kuhn, H., Minnesang des 13. Jahrhunderts. Tübingen 1962.
Kuhn, H., Stil als Epochen-, Gattungs- und Wertproblem in der deutschen Literatur des Mittelalters. In: Stil- und Formprobleme, 123–29. (Vorträge d. VII. Kongresses der Internationalen Vereinigung f. moderne Sprachen u. Literaturen in Heidelberg.)
Laage, K. E., Halmorakel: Ein Beitrag zur Behandlung eines Minneliedes. WW. 10 (1960) 302–06.
Lieres und Wilkau, M. von, Sprachformeln in der mittelhochdeutschen Lyrik bis zu Walther von der Vogelweide. Münchener Texte. München 1965.
Maurer, F., Ton und Lied bei Walther von der Vogelweide. In: Dichtung und Sprache des Mittelalters. München 1963.
McLintock, D. R., Walther's Elegie. OGS. 4 (1969) 1–11.
Meissner, R., Bereitet ist daz velt, verhouwen ist der walt. ZfdA. 63 (1926) 165–73.
Meissner, R., Noch einmal ›Bereitet ist daz velt‹. Beitr. 63 (1939) 398–400.
Meissner, R., Zu Walther 64, 6. ZfdA. 65 (1928) 217–20.
Mohr, W., Vortragsform und Form als Symbol im mittelalterlichen Liede. In: Festschr. Pretzel. Berlin 1963.
Mundhenk, A., Ist Walther der Verfasser der Elegie? DtVjs. 44 (1970) 613–54.
Mundhenk, A., Walthers Selbstbewußtsein. DtVjs. 37 (1963) 406–38.
Neumann, F., Under der linden (Zu Walther 39, 11). In: Die deutsche Lyrik, Bd. 1.
Neumann, F., Walther von der Vogelweide: ›Ir sult sprechen willekommen.‹ In: Gedicht und Gedanke, hg. v. H. O. Burger. Halle 1942, 11–28.
Ochs, E., Walther 54, 21: decke bloz ... Z. f. Mundartforsch. 11 (1935) 20–21.

Plenio, K., Bausteine zur altdeutschen Strophik. Beitr. 42 (1917) 410–502 und Beitr. 43 (1918) 56–100.

Plenio, K., Zu Walther 39, 11. In: Bausteine zur altdeutschen Strophik. Beitr. 43 (1918) 65–81.

Plenio, K., Metrische Studie über Walthers palinodie. Beitr. 42 (1917) 255–75 u. 345.

Pretzel, U., Zu Walthers Elegie (124, 1). In: Festschr. Starck. 1967, 223–34.

Priebsch, R., Walther von der Vogelweide: ›Abschied von der Welt‹ (100, 24). MLR. 13 (1918) 265–73.

Rocher, D., *Aller werdekeit ein füegerinne*. Études 24 (1969) 181–93.

Roethe, G., ›Hêre frouwe‹ (39, 24). ZfdA. 57 (1919/20) 132–33.

Rupp, H., Neue Forschungen zu Form und Bau mittelalterlicher Dichtung. DU. 11 (1959) 117–24.

Schaefer, J., Die Gestaltung des lyrischen Ich in Walthers ›Under der linden‹. Monatshefte 58 (1965) 33–42.

Schirmer, K. H., Die Strophik Walthers von der Vogelweide. Halle 1956.

Schröder, F. R., Ich saz ûf eime steine. GRM. 40 (1959) 345.

Schröder, F. R., Zu Walther 54, 7. GRM. 35 (1954) 242.

Schweikle, G., *Minne* und *Mâze*. Zu ›Aller werdekeit ein füegerinne‹ (46, 32). DtVjs. 32 (1958) 498–528.

Stammler, W., Zu Walther von der Vogelweide 124, 24ff. WW. 6 (1956) 207–08.

Stammler, W., Frau Welt: Eine mittelalterliche Allegorie. Freiburg, Schweiz 1959.

Thiel, G., Das Frau-Welt-Motiv in der Literatur des Mittelalters. Saarbrücken 1957.

Trey, F., Statistik der antithetischen Wendungen bei Walther. Diss. Greifswald 1921.

Wehrli, M., Die Elegie Walthers von der Vogelweide. Trivium 1 (1943) 12–29.

Willson, H. B., Walther's ›Bilde‹ (67, 32). MLR. 51 (1956) 568–70.

Willson, H. B., Walthers Halmorakel. MLR. 54 (1959) 236–39.

Willson, H. B., Walther von der Vogelweide 124, 10. MLR. 50 (1955) 507–08.

Willson, H. B., Walther 125, 7. MLR. 49 (1954) 56–59.

Wisniewski, R., Walthers Elegie (124, 1). ZfdPh. 87 (1968) Sonderh., 91–108.

Namenregister

Sachregister